Natascha Pazodka

Nähst du schon?

Teenies an der Nähmaschine

OZ creativ

Vorwort

Hi! Du willst nähen? Super! Wenn du noch nie genäht hast, wird dir der Grundkurs mit vielen Bildern und kurzen Texten das Wichtigste erklären. Wenn du weißt, was ein Geradstich und ein Zickzackstich ist und dass man eine Naht am Anfang und am Ende „verriegelt“, also vor- und zurücknäht, dann kannst du schon loslegen.

Wir haben 12 kleine Projekte zusammengestellt. Alle sind Schritt für Schritt erklärt, sodass du alles ganz einfach verstehen und nähen kannst. Es gibt einiges für Jungs, einiges für Mädchen, etwas Süßes, etwas Raues, etwas für dein Zimmer und etwas für die Schule. Ich bin mir sicher, du findest ein kleines Projekt, welches du nacharbeiten möchtest, oder eine Anregung für etwas, das du selbst designst.

Dass du selber anfängst, etwas zu entwerfen, ist mir ein großes Anliegen! Ich hoffe, ich kann dir mit diesem Buch etwas ganz Bestimmtes vermitteln, nämlich: Trau dich! Probier einfach aus, denk nicht viel nach, sondern nimm die Materialien nach deinem Gefühl in die Hand und vertrau deinem eigenen Geschmack und designe deine eigene Welt! Ich stelle dir viele Techniken rund ums Nähen vor: Stoffmalfarbe, Aufbügelfolie, Haftvlies, Borten, Bänder, alte Fahrradschläuche und aufbügelbare Laminierfolie. Es gibt so viel zu tun! Und gerade du hast du so viel Fantasie und Können! Weitere Ideen findest du hier: *www.nataschapazodka.de*

Ich wünsche dir dabei ganz viel Freude und Spaß!

Natascha

Inhalt

Die Story dieses Buches

Ich (Natascha) habe schon immer gerne genäht und kreativ gearbeitet. Ich hatte das Glück, dass meine beiden Omas Nähmaschinen besaßen und ich damit nähen durfte. Mit 14 war ich in der Tanzschule, und auf den Abschlussbällen trug ich selbstgenähte Kleider, an denen oft noch Fäden hingen, weil ich sie erst in letzter Minute fertiggenäht hatte. Mit 20 habe ich ein Kunsthandwerkergewerbe angemeldet und auf Märkten selbstgemachte Kränze, genähte Kleidung und Getöpfertes verkauft. Da man aber etwas Anständiges werden sollte, habe ich Diplom-Pädagogik studiert und anschließend unter anderem an einer Schule gearbeitet. Hier war ich als Pädagogin in SchuB-Klassen eingesetzt. „SchuB" steht für „Schule und Betrieb". Die SchülerInnen gehen drei Tage in der Woche in die Schule, an zwei Tagen absolvieren sie ein Praktikum in einem Betrieb und werden nach ihrem Abschluss oft übernommen, weil sie sich beweisen konnten. SchuB-Klassen finde ich toll!

In meiner Freizeit habe ich weiter kreativ gearbeitet und mir das Fotografieren beigebracht. Und dann, im August 2012 war es so weit: Ich hatte einige Aufträge für Zeitschriften, Firmen und zwei Buchverträge. Nach vielen schlaflosen Nächten traute ich mich. Ich kündigte und machte mich selbständig. Ich war dabei überaus glücklich, weil ich meinem Motto: „Trau dich, deinen Traum zu leben" folgte, andererseits tat es mir auch ziemlich weh, denn ich hatte alle 11 SchülerInnen und auch meine Kollegen sehr gerne! Als nun das Buchprojekt „Teenies an der Nähmaschine" näherrückte, habe ich bei „meiner" alten Klasse angeklopft und von meinem Vorhaben erzählt, und alle wollten mitmachen. Hurra!

Liebe Kim, lieber Pietro, lieber Erik, liebe Oxana, lieber Flo, liebe Henni, liebe Emely, liebe Snow, lieber Kevin, lieber Maik und natürlich liebe Anne: Vielen, vielen Dank für eure tollen Ideen und eure tolle professionelle Mithilfe! Ihr ward sehr verlässlich, und es hat mir viel Freude gemacht, mit euch dieses Buch zu stemmen. Vielen Dank, Oxana, dass du auch die Bilder gezeichnet hast! „Man" sagt, Jugendliche wären frech und wild. Ihr aber seid toll und wild! Die Zusammenarbeit war sehr schön und hat sich, wie wir sehen, gelohnt.

Snow im Nähraum 2011

September 2011

Nähgruppe 2011: Kim, Pietro, Snow, Henni und Anne

Pietro und Kim 2011

Grundkurs Nähen

Du bist alt genug, um zu wissen, dass du beim Nähen mit einer Nähmaschine sehr vorsichtig sein musst. Trotzdem will und muss ich dich darauf noch einmal aufmerksam machen: Eine Nähmaschine näht fast alles, auch deinen Finger, falls er unter das Füßchen gerät. Halte dein Nähwerk zwar fest, jedoch nicht zu nah am Füßchen. Manchmal kann auch eine Nadel brechen und durch die Gegend fliegen, wenn du aus Versehen auf etwas Hartes, z.B. eine Stecknadel, nähst. Näh am Anfang langsam und nicht zu schnell! Dies kannst du mit dem Druck auf dem Fußpedal regulieren. Leg deinen Stoff unter das Nähmaschinenfüßchen. Mit dem Hebel bewegst du das Füßchen nach unten. So wird der Stoff fest geführt. Mit der Hand drehst du das Handrad zu dir hin, bis die Nadel einsticht. Nun kannst du losnähen.

Nähmaschine

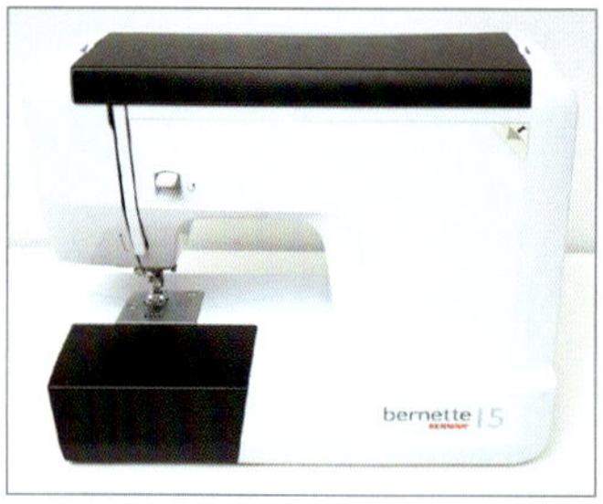

Du brauchst natürlich eine Nähmaschine. Falls du noch keine hast, kannst du dir vielleicht eine ausleihen. Wenn dir das Nähen Spaß macht, ist eine Nähmaschine ein tolles Geburtstags- oder Weihnachtsgeschenk.

Zubehör

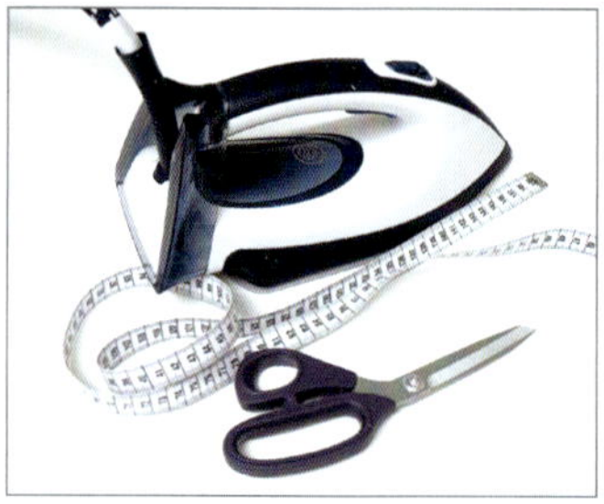

Ein Bügeleisen, ein Maßband, eine Stoffschere, und natürlich Nähgarn und Stecknadeln. Gebügelte Arbeiten passen besser. Bei nicht gebügelten Nähten ist das Ergebnis womöglich etwas schief.

Schnitte

Leg transparentes Papier auf die Vorlage und paus sie ab. Schneide die Form aus, leg sie auf die linke Seite des Stoffes. Zeichne die Form mit Schneiderkreide mit Nahtzugabe auf den Stoff. Für eigene Schnitte kannst du Zeitungspapier nehmen.

Geradstich und Verriegeln

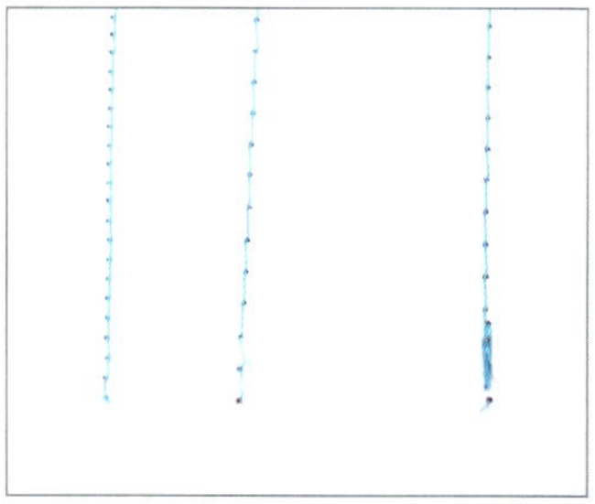

Das sind Geradstiche mit verschiedenen Stichlängen. Ganz rechts ist der Anfang der Naht dicker. Hier wurde die Naht verriegelt, damit sie nicht wieder aufgeht. Näh dafür am Anfang und am Ende jeder Naht kurz vor und zurück.

Zickzackstich

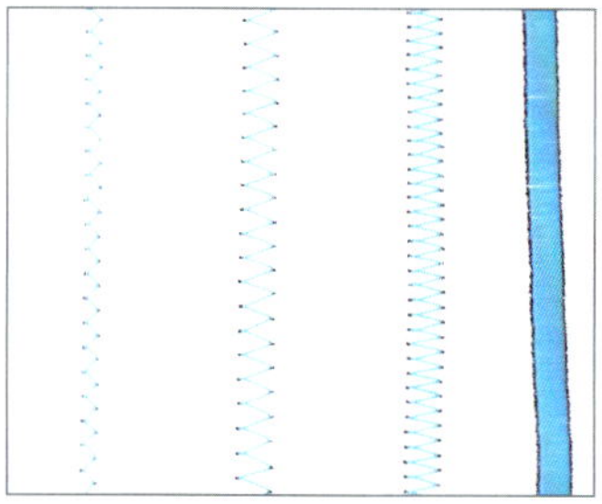

Das sind Zickzackstiche in verschiedenen Stichlängen und -breiten. Du kannst verschiedene Breiten (schmal/normal/breit) und Längen (kurz/normal/lang) unabhängig voneinander einstellen.

Rechts und links

Die meisten Stoffe haben eine schöne und eine blasse Seite. Die schöne Seite ist die Vorderseite. Man nennt sie die rechte Seite. Die Rückseite heißt linke Seite.

Rechts auf rechts

Hier werden die Teile rechts auf rechts gelegt. Die schönen Seiten liegen also innen aufeinander. Die blassen Seiten liegen jeweils außen. Achte darauf, dass die Formen bündig aufeinanderliegen, die Kanten also nicht verschoben sind.

Gegengleich

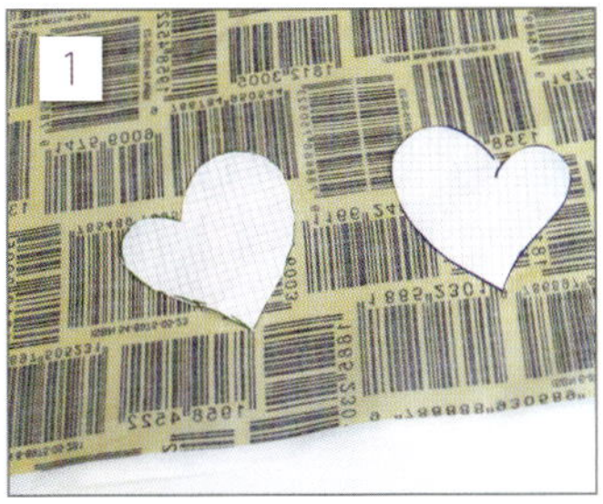

Bei unsymmetrischen Formen musst du mit 1 Schnittvorlage 2 gegengleiche Schnittvorlagen zuschneiden. Dafür legst du die Vorlage einmal mit der einen Seite und das andere Mal mit der anderen Seite (einfach umdrehen) auf den Stoff.

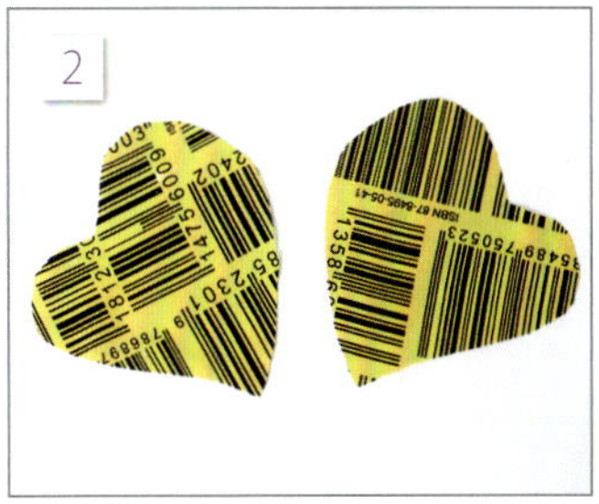

Hier sind 2 Teile aus demselben Schnittmuster, jedoch gegengleich, zugeschnitten.

Wenn du sie so zugeschnitten hast, kannst du sie bündig rechts auf rechts legen.

Nahtzugabe

Wenn du eine Schnittvorlage hast, dann soll das genähte Stück später genauso groß sein wie diese. Du brauchst also etwas mehr Stoff. Das nennt man Nahtzugabe. Wie groß du die Nahtzugabe wählst, ist deine Entscheidung, aber sie soll an allen Seiten gleich breit sein.

Die Vorlage zeigt die Nählinie, auf der du nähst. Wenn du die Nahtzugabe festgelegt hast, kannst du dich an den Linien auf der Stichplatte orientieren. Eine Nahtzugabe von 0,75 cm ist „füßchenbreit", der rechte Rand des Nähfüßchens liegt dann an der Stoffkante.

Ecken nähen

In einer Ecke hältst du an. Die Nadel bleibt im Stoff stecken. Heb das Füßchen mit dem Hebel an, dreh deine Arbeit in die nächste Nährichtung, setz das Füßchen wieder ab und näh weiter.

Endlos-Reißverschluss

... passt immer! Den Endlos-Reißverschluss nähst du lang genug und mit mindestens einem Zipper ein. In der Anleitung wird genau erklärt, wie das geht. Nach dem Nähen wird er passend abgeschnitten.

Wendeöffnung

Um eine „Hülle" zu nähen, leg 2 Stoffstücke rechts auf rechts übereinander und näh sie mit gleichmäßiger Nahtzugabe zusammen. Jedoch lässt du ein Stück der Naht offen, um deine Arbeit durch diese Öffnung zu wenden. Dann ist die schöne Seite wieder außen.

Ecken abschrägen

Die Ecken müssen bis kurz vor die Naht schräg abgeschnitten werden. Dabei darfst du die Naht nicht verletzen. Nach dem Wenden liegen die Ecken dann besser in Form.

Wenden/ Verstürzen

Nun wendest du die Arbeit. Das heißt, du holst die innenliegenden rechten Stoffseiten heraus. Die linken Stoffseiten und die Nähte liegen anschließend innen und sind nicht mehr zu sehen.

Ecken ausformen

Mit einem Bleistift kannst du die Ecken nach dem Wenden sehr gut ausformen.

Wendeöffnung verschließen

Schlag die Nahtzugaben der Wendeöffnung nach innen.

Fixier die Kanten der Wendeöffnung mit Stecknadeln. Nun kannst du die Öffnung von Hand oder mit dem Geradstich der Maschine zusammennähen.

Versäubern

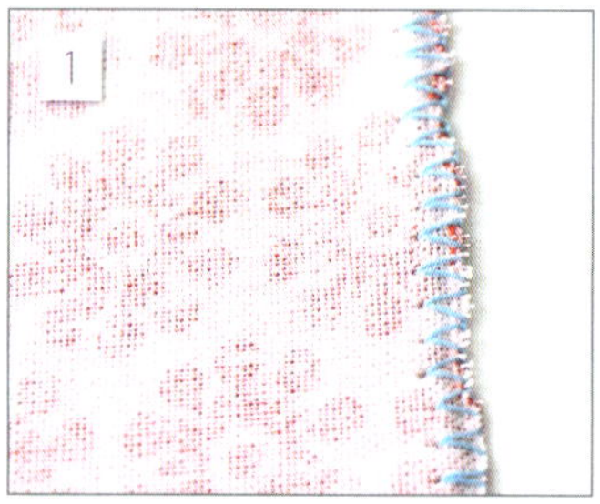

Damit Stoff nicht ausfranst, kannst du ihn versäubern. Dafür nähst du mit mittelbreitem Zickzackstich auf der Kante entlang. Du stellst die Stichbreite also etwas breiter ein als gewöhnlich. Der mittlere Strich des Füßchens verläuft dabei genau auf der Stoffkante.

Die Nadel sticht links in den Stoff und rechts ins Leere. Dadurch wird die Kante umschlossen und versäubert.

Saum oder Einschlag/Umschlag

Einschlag: Schlag die Stoffkante gleichmäßig ein.

Fixier den Einschlag durch Bügeln mit dem Bügeleisen.

Umschlag: Schlag den gebügelten Einschlag um.

Fixier den Umschlag durch Bügeln mit dem Bügeleisen. Nun hast du einen schönen Saum, die offene Stoffkante liegt innen.

Klettverschluss

Ein Klettverschluss besteht immer aus einer Haken- und einer Flauschseite. Schneide 2 gleich lange Stücke ab und leg sie auf die gewünschte Stelle. Nähe sie 2-mal ringsum knapp entlang der Kanten ab, so reißen sie nicht aus.

Applizieren mit beidseitig aufbügelbarem Haftvlies

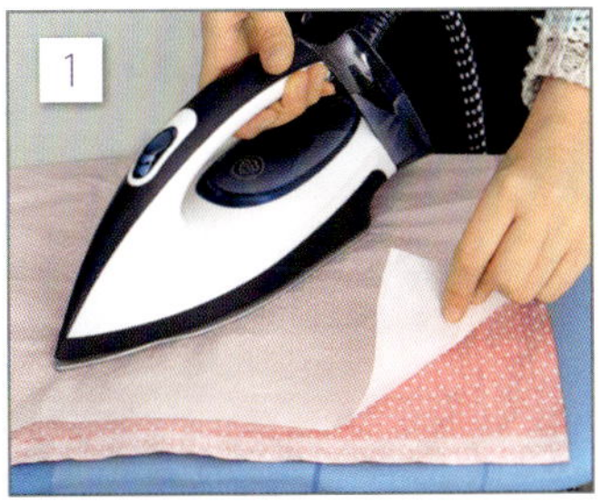

Schneide ein Stück Stoff zu, den du auf einen anderen applizieren (aufsetzen) möchtest, sowie ein etwas kleineres Stück Haftvlies. Leg das Vlies mit der Klebeseite auf die linke Seite des Stoffes und bügel es ca. 30 Sekunden bei hoher Temperatur auf.

Nun schaust du auf das Trägerpapier des Haftvlieses. Darauf zeichnest du die Formen, die du applizieren möchtest (Achtung: Sie werden aufgebügelt seitenverkehrt erscheinen). Schneide sie aus und zieh das Trägerpapier ab.

Leg die ausgeschnittene Form mit der Klebeseite nach unten auf die rechte Stoffseite des Untergrundstoffes und bügel sie ca. 30 Sekunden auf, dabei das Bügeleisen leicht bewegen. Näh die Umrisse mit einem breitem Zickzackstich nach.

Kevin's Handytasche

Hier wird Fahrradschlauch vernäht! Hast du damit gerechnet? Das Nähen geht ganz schnell, nur das Heraushebeln des Schlauches braucht etwas Zeit.

So wird's gemacht

1 Wenn ihr noch irgendwo ein altes Fahrrad mit Platten habt, dann entfernt den Reifen und hebelt den Mantel mit Schlauch heraus. Falls nicht: Geht zu einem Fahrradhändler, der hat sicherlich eine Menge alter Schläuche und wird diese auch abgeben.

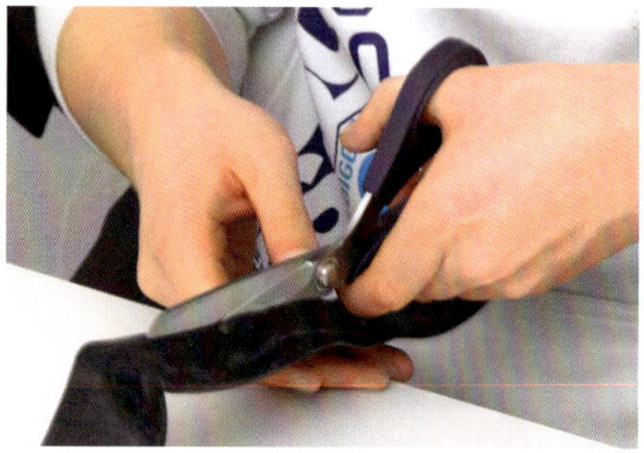

2 Schneide den Schlauch der Länge nach auf. Wisch ihn mit einem feuchten Tuch sauber.

3 Falte den Schlauch in der Mitte auf und leg ihn quer zur Hälfte zusammen. Leg dein Handy darauf und schneide den Streifen Schlauch so ab, dass das Handy später hineinpassen wird.

4 Übertrage die Größe des Schlauchstreifens auf einen Stoff für das Futter. Sei ruhig etwas großzügiger, die Ränder kannst du später noch nachschneiden.

5 Breite den Schlauch auf deinem Stoff aus. Die schöne Seite des Fahrradschlauches liegt oben. Die linke Seite liegt auf der linken Seite deines Futters. Befestige die Teile mit Stecknadeln aufeinander.

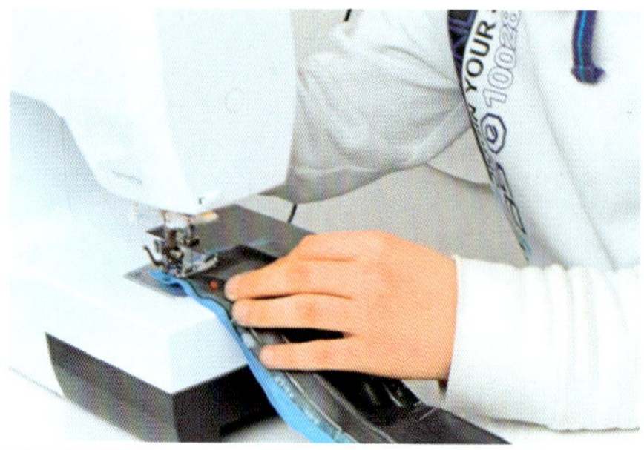

6 Jetzt wird genäht.

7 Näh Futter und Schlauch ringsum mit einem breiten Zickzackstich zusammen.

8 Wenn du Lust hast, schneidest du aus dem Futter noch einen schmalen Streifen zu und nähst ihn auf die Vorderseite mit dem Geradstich auf.

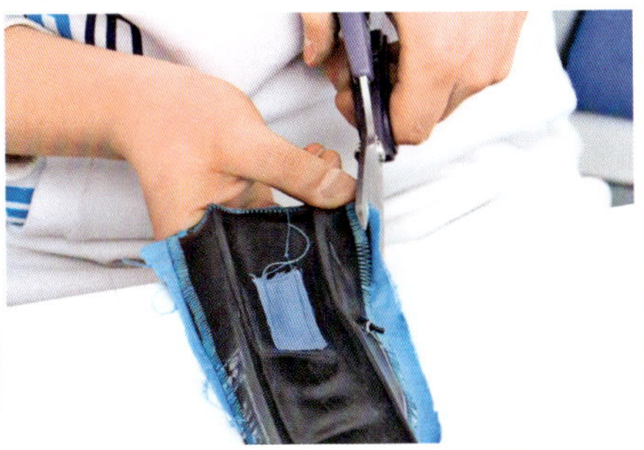

9 Schneide das überstehende Futter ab.

10 Klapp den Streifen quer in der Mitte zusammen und fixier ihn mit Stecknadeln.

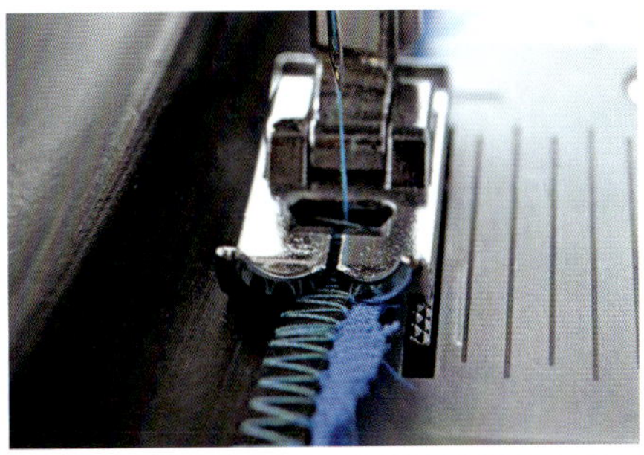

11 Näh die beiden Seiten knapp entlang der Kanten mit dem Geradstich zusammen.

Für die Handytasche brauchst du:

* 1 alten Fahrradschlauch
* Baumwollstoff (für das Futter), ca. 20 x 30 cm
* Geodreieck

Emely's Schminktäschchen

Make-up, Wimperntusche und Kajal – all das braucht seinen Platz! Der integrierte Spiegel ist ein tolles Detail!

So wird's gemacht

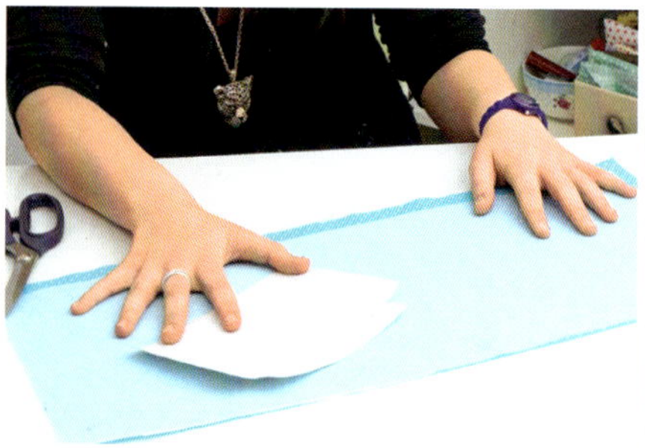

1 Übertrage das Schnittteil 2 vom Vorlagebogen auf Papier. Leg den Stoff, den du für die Außenseite planst, und ein gleich großes Stück aufbügelbares Vlies zurecht. Das Vlies sollte evtl. ein bisschen kleiner als der Stoff sein, damit es beim Aufbügeln nicht am Bügeleisen anhaftet.

2 Leg das Vlies mit der Klebeseite nach oben auf das Bügelbrett, leg den Stoff mit der linken Seite darauf und bügel ihn fest.

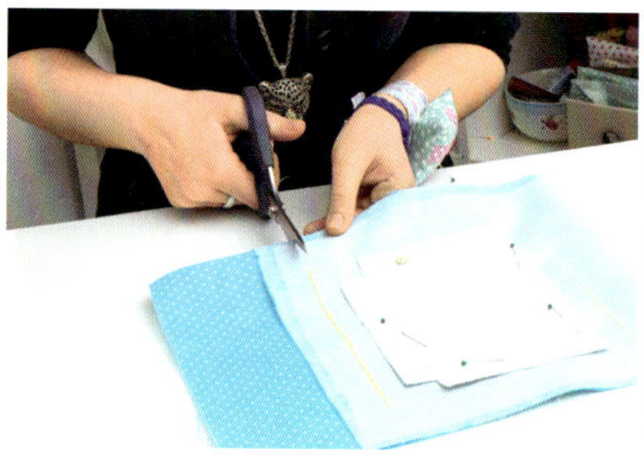

3 Falte den Stoff rechts auf rechts und steck das Schnittteil mit Stecknadeln fest. Zeichne ringsum eine regelmäßige Nahtzugabe ein und schneide die beiden Teile aus. Da du den Stoff doppelt gelegt hast, brauchst du nur 1-mal zu schneiden.

4 Für das Futter schneidest du auf die gleiche Weise ebenfalls zwei Teile aus. Diese verstärkst du jedoch nicht mit Vlies.

5 Nun wird der Reißverschluss angebracht. Mit einem Endlos-Reißverschluss geht das ganz einfach. Leg den Reißverschluss zunächst, wie auf dem Bild zu sehen, mit der rechten Seite nach oben (der Zipper zeigt nach oben) auf die rechte Seite eines

Futterzuschnitts. Steck die Außenkante des Reißverschlusses mit Stecknadeln bündig an die Oberkante des Futterzuschnitts.

Für das Schminktäschchen brauchst du:

* Baumwollstoff in Türkis mit weißen Punkten (für die Außenseite), 30 x 40 cm
* Baumwollstoff in Hellgrün gemustert (für das Futter), 30 x 40 cm
* aufbügelbare Vlieseinlage (für die Außenseite), 30 x 40 cm
* Endlos-Reißverschluss mit 1 Zipper, 35 cm
* Wachstuch (für den Deckel), 13 x 40 cm
* 1 kleinen Spiegel, ca. 8 x 5 cm
* Klettverschluss, Flausch- und Hakenseite, je ca. 1 cm
* 1 Blatt Din A4 bedruckbaren Stoff
* Computer und Tintenstrahldrucker
* Papier (für den Schnitt)
* Schneiderkreide
* Geodreieck
* Heißklebepistole oder Alleskleber

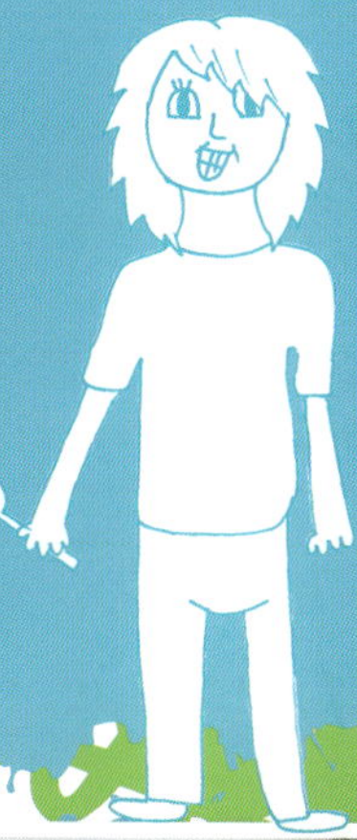

6 Näh den Reißverschluss mit dem Geradstich an. Setz entweder ein Reißverschlussfüßchen ein oder stell die Nadelposition auf links, damit du möglichst nah an den Zähnchen nähen kannst.

7 Leg den Futterzuschnitt rechts auf rechts auf den anderen Zuschnitt. Den Reißverschluss klappst du um, sodass er mit der rechten Seite nach oben auf der rechten Seite des unteren Futterzuschnitts liegt.

8 Steck den Reißverschlussstreifen mit Stecknadeln bündig an die Oberkante des unteren Futterzuschnitts.

9 So sieht deine Arbeit aus, wenn du die Seiten auseinanderklappst.

10 Näh den Reißverschluss am zweiten Futterzuschnitt, wie in Schritt 6 beschrieben, fest.

11 Nun wird der Reißverschluss auch an den Außenseiten festgenäht. Arrangier dafür das Futter, wie auf dem Foto zu sehen, und leg ein Außenteil mit der Oberkante rechts auf rechts bündig an den Reißverschluss an.

12 Näh das Außenteil mit dem Geradstich auf dem Reißverschluss fest. Stell die Nadelposition dafür wieder auf links. Auf dem Foto siehst du die Nadel auf linker Position und das auf die Rückseite des Außenstoffs gebügelte Vlies.

13 Klapp das angenähte Außenteil nach unten, ordne die Teile, wie auf dem Foto zu sehen, neu an. Leg das zweite Außenteil mit der Oberkante rechts auf rechts auf das erste Außenteil und bündig an die noch freie Kante des Reißverschlusses. Fixier es mit Stecknadeln und näh es wie in Schritt 12 fest.

14 Nun bereitest du den Aufdruck vor. Schreib den Schriftzug „SCHMINKZEUG" mit dem Computer in einer großen Schriftgröße (z. B. 180 pt) und mach ein paar Probedrucke. Er sollte etwa 11 cm lang sein. Leg den bedruckbaren Stoff wie ein Blatt Papier in einen Tintenstrahldrucker und druck die Beschriftung in einer Farbe deiner Wahl aus. Stell die Druckereinstellung dafür auf eine hohe Ausgabequalität und prüf vorher, wie du den Stoff in den Drucker legen musst, damit die Stoffseite (und nicht das Trägerpapier) bedruckt wird. Nach dem Bedrucken muss der Stoff mindestens 2 Minuten trocknen. Zeichne ein schmales Rechteck rings um den Ausdruck, schneide es aus und entfern das Trägerpapier. Je nach Herstellerangaben solltest du den Stoff erst vorsichtig auswaschen, um überschüssige Tinte zu entfernen, dann erneut trocknen lassen, leicht bügeln und auf der Vorderseite deines Täschchens positionieren.

15 Näh das Rechteck mit dem Schriftzug mit einem breitem Zickzackstich auf.

16 Positionier einen Zipper des Endlos-Reißverschlusses im Innern deiner Arbeit. Öffne den Zipper ein wenig, sodass du die Arbeit später wenden kannst, da der Zipper nach dem folgenden Schritt innen liegen wird. Leg die Außen- und Innenseiten jeweils rechts auf rechts bündig aufeinander: Außenseite auf Außenseite ...

17 ... und Futter auf Futter. Fixier die Lagen jeweils mit Stecknadeln. Falte den Reißverschluss ordentlich zu einer Seite zusammen.

18 Näh zunächst alle Kanten der Außenseiten zusammen, die Ecken lässt du offen!

19 Auf diesem Foto siehst du auf dem Außenstoff mit gelber Kreide eingezeichnet, was genäht wird. Die Seitennähte sollen eine Nahtzugabenbreite von den Ecken entfernt sein (s. Schritt 20).

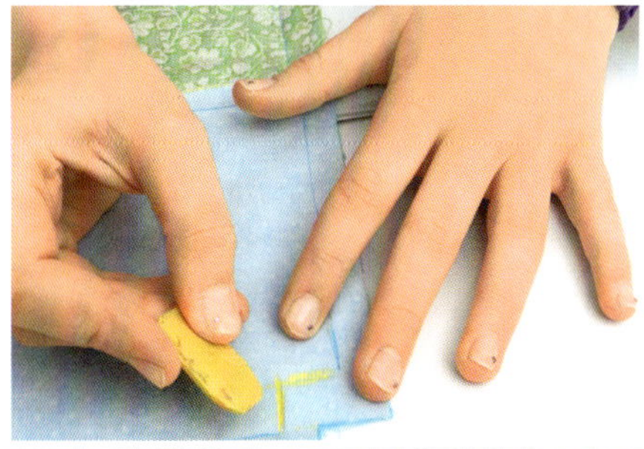

20 Hier haben wir die Ecken des Schnittmusters nochmal mit gelber Kreide eingezeichnet, damit du erkennst, wie die Ecken gearbeitet werden und wo die Seitennähte enden. Zeichne die Ecken genauso ein.

21 Näh das Futter genauso wie die Außenseiten zusammen, lass dabei jedoch an der Unterkante eine ca. 10 cm große Wendeöffnung offen.

22 Drück eine Ecke wie auf dem Foto zusammen, die Seiten- und Bodennaht liegen genau aufeinander. Hier siehst du, wie die gelb eingezeichneten Ecken nun eine Linie bilden und aufeinanderliegen.

23 Drück alle vier Ecken auf diese Weise zusammen und fixier sie mit Stecknadeln.

24 Näh alle Ecken auf der eingezeichneten Linie mit dem Geradstich fest.

25 Schneide den überstehenden Reißverschluss an beiden Seiten ab.

26 Wende das Täschchen durch die Wendeöffnung im Futter.

27 Falte die Nahtzugaben der Wendeöffnung nach innen und näh sie zu. Stülpe das Futter nach innen. Du hast bereits ein schönes Täschchen. Entweder legst du einen Taschenspiegel hinein, oder nähst nun den Deckel mit eingenähtem Spiegel.

28 Für den Spiegel-Deckel legst du den Streifen aus Wachstuch rechts auf rechts in der Mitte zusammen. Das Teil hat nun eine Größe von 13 x 20 cm.

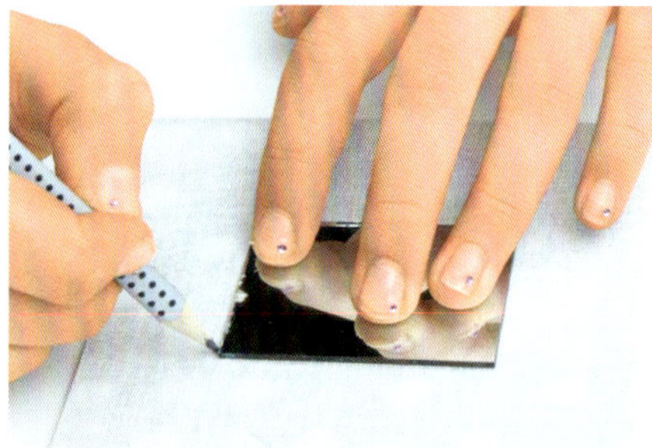

29 Positionier den Spiegel nah an der gefalteten Kante und zeichne den Umriss mit Bleistift ein.

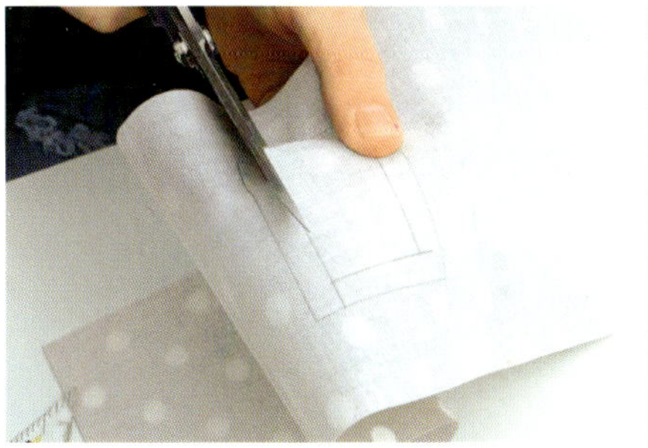

30 Innerhalb dieses Umrisses zeichnest du mit einem Geodreieick ein neues Rechteck, das an allen Seiten ca. 0,8 cm Abstand zum äußeren Umriss hat. Schneide das innere Rechteck mit der Schere aus. Die offenen Stoffkanten kannst du mit Zickzackstich versäubern. Wir haben dafür türkisfarbenes Nähgarn verwendet (siehe Schritt 32).

31 Falte den Deckel wie in Schritt 28 zusammen, jedoch sollen die rechten Seite diesmal außen sein. Markier die Öffnung auf dem untenliegenden Stoff. Da die Öffnung etwas kleiner ist als der Spiegel, zeichnest du außen herum neue Linien im Abstand von 0,8 cm. Dies ist die genaue Position des Spiegels. Kleb den Spiegel mit einer Heißklebepistole oder Alleskleber auf.

32 Falte den Deckel wieder links auf links zusammen und verschließ ihn ringsum mit einem breitem Zickzackstich.

33 Leg den Deckel über den Reißverschluss an der Oberkante und richte ihn so aus, dass er den Schriftzug nicht überdeckt. Der Spiegel liegt innen im Deckel und auf der Vorderseite des Täschchens.

34 Steck den Deckel an der Rückseite des Täschchens mit Stecknadeln fest und näh ihn mit dem Geradstich an. Wir haben das mit der Nähmaschine gemacht. Du kannst ihn aber auch von Hand aufnähen.

35 Überleg, wo die Klettverschuss-Teile sitzen müssen. Steck die Flauschseite an die Innenseite des Deckels und die Hakenseite auf die Vorderseite des Täschchens an. Näh sie jeweils knapp entlang der Kanten 2-mal mit dem Geradstich auf.

36 Alles verstaut!

Anne's Tagesdecke

Für die Tagesdecke brauchst du:

* Baumwollstoff in Grün (für die Vorderseite), 140 cm breit, 210 cm lang
* Baumwollstoff in Lila-weiß gestreift (für die Rückseite), 140 cm breit, 210 cm lang
* einseitig aufbügelbares Volumenvlies, 140 cm breit, 210 cm lang
* Baumwollstoff in Rot mit weißen Punkten (für die Herz-Applikation), 50 cm x 50 cm
* beidseitig aufbügelbares Haftvlies: 50 x 50 cm
* Papier (für den Schnitt)

Wie wäre es mit einem neuen Design für dein Bett oder dein Sofa? Die Decke ist zwar groß, aber flott genäht.

So wird's gemacht

1 Leg den Stoff für die Rückseite mit der schönen (= rechten) Seite auf den Boden, sodass die linke Seite oben liegt. Breite das aufbügelbare Volumenvlies mit der Klebeseite nach unten bündig auf dem Stoff aus, streich es glatt und fixier es mit einigen Stecknadeln.

2 Bügel das Volumenvlies auf, wende dafür den Stoff jedoch nach oben, das Volumenvlies liegt unten. Bügel nicht auf dem Vlies!

3 Paus die Herzform (Schnittteil 1) vom Vorlagenbogen auf Papier und schneide die Form exakt aus. Dies ist dein Schnitt. Schneide für das Herz ein passend großes Stück Stoff und aufbügelbares Haftvlies zu.

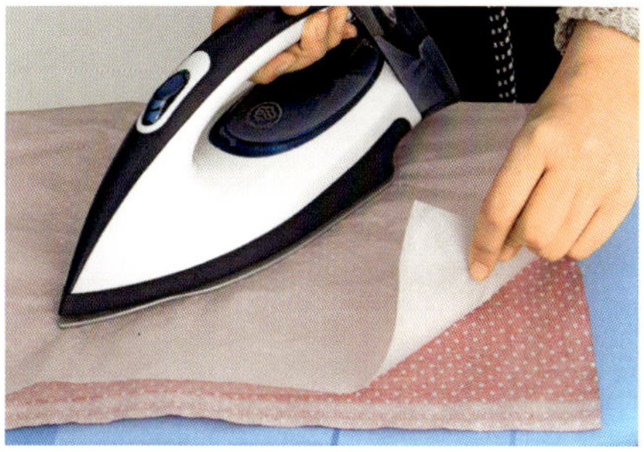

4 Leg das Haftvlies mit der Klebeseite auf die linke Seite des Herzstoffes und bügel es auf.

5 Übertrage die Herzform mit einem Bleistift auf das Trägerpapier des Haftvlieses und schneide es exakt aus.

6 Zieh das Trägerpapier des Vlieses ab.

7 Finde für das Herz eine schöne Position auf der Vorderseite deiner Decke. Leg das Herz mit der Klebeseite auf die rechte Seite der Vorderseite und bügel es auf.

8 Nun nähst du mit einem breiten kurzen Zickzackstich die Konturen des Herzes nach. „Kurz" heißt, dass du eine so kurze Stichlänge einstellst, dass der Zickzackstich die Kante verdeckt. Der Mittelstrich des Füßchens läuft dabei genau auf der Außenkante des Herzes, sodass die Nadel abwechselnd in die Applikation und in den Hintergrundstoff sticht und die offene Stoffkante überdeckt.

9 Nun sind Vorder- und Rückseite fertig. Leg die Rückseite mit der schönen (= rechten) Seite nach oben glatt auf den Boden. Anschließend legst du die rechte Seite des Vorderteils bündig darauf.

10 Hier siehst du nochmal die Lagen: Ganz unten befindet sich das aufgebügelte Volumenvlies, die schönen Seiten von Rück- und Vorderseite liegen innen aufeinander.

11 Fixier die Stofflagen mit vielen Stecknadeln.

12 Stepp die Ränder ringsum ab: Näh mit gleichmäßiger Nahtzugabe an allen Kanten entlang. Lass jedoch eine Öffnung von ca. 15 cm Länge zum Wenden offen. Anfang und Ende der Naht sicherst du, indem du einige Stiche vor- und zurücknähst.

13 Schneide alle Ecken bis kurz vor die Naht schräg ab, damit die gewendete Decke saubere Ecken erhält.

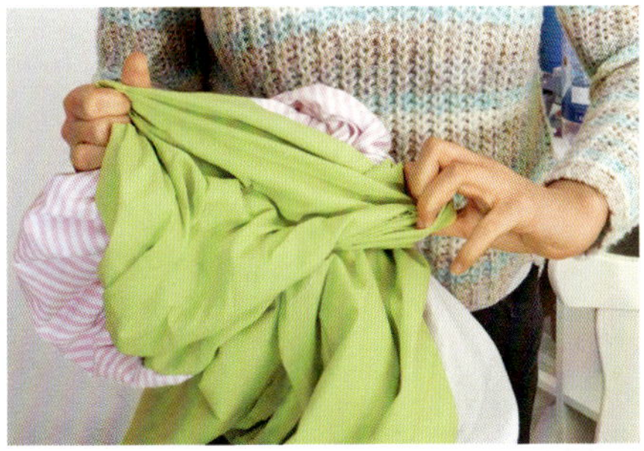

14 Wende die Decke durch die Wendeöffnung.

15 Verschließ die Wendeöffnung. Falte dafür die Stoffkante um die Breite deiner Nahtzugabe nach innen und fixier sie mit Stecknadeln. Stepp die Öffnung knapp entlang der Außenkante zu.

Du kannst dich mit der Decke einkuscheln oder sie über dein Bett werfen.

Maik's Collegeblock-Umschlag

Mit einem Umschlag sieht der Collegeblock doch gleich viel ordentlicher aus. Wenn der Block voll ist, kannst du einen neuen Block mit Pappdeckeln verstärken und ihn wieder in deinen Umschlag stecken.

So wird's gemacht

1 Leg ein DIN-A4-Blatt als Schablone auf die Pappe und schneide die Pappe 2-mal genauso groß wie das Blatt Papier zu.

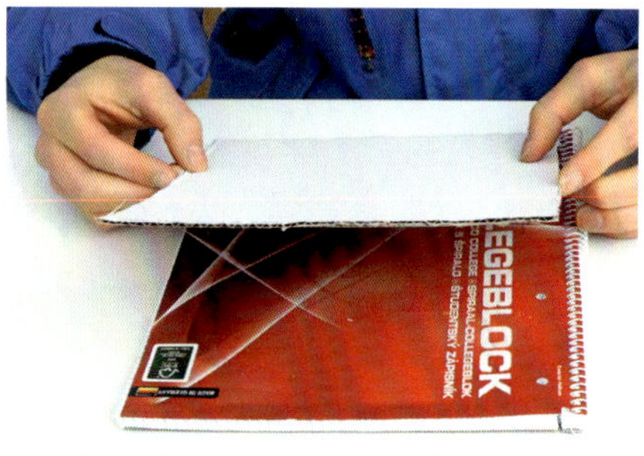

2 Kleb sowohl auf den Deckel als auch auf den Boden deines College-Blocks ein Pappteil. So wird der Block verstärkt.

3 Öffne den Block und leg ihn auf den Filz.

4 Schlag die Seiten ein, schließe den Block und fixier die seitlichen Umschläge mit Stecknadeln.

5 Näh die Kanten mit einem breiten kurzen

Zickzackstich fest. „Kurz“ heißt, dass du eine so kurze Stichlänge einstellst, dass der Zickzackstich kaum noch erkennbar ist.

6 Fertige nun deine individuelle Schablone aus der Folie an. Achte darauf, dass die Klebeseite der Folie unten liegt. Zeichne dein Logo oder die Schrift mit einem Permanentmarker auf die Folie. Du kannst auch die Schriftvorlage „KRAM“ (Vorlage 5) vom Vorlagenbogen abpausen, unter die Klebefolie legen und die Kontur mit einem Permanentmarker nachzeichnen.

7 Schneide die Konturen mit einem Cutter ordentlich aus. Arbeite dabei auf einer Schneideunterlage.

Für den Collegeblock-Umschlag brauchst du:

* 1 College-Block
* 2 große Stück Pappe, z. B. aus einem Karton, jeweils DIN A4
* Filz in Giftgrün, 32 x 60 cm
* Schablonenfolie oder selbstklebende Folie, 20 x 30 cm
* Lineal, Cutter und Schneideunterlage
* 1 wasserfesten Permanentmarker
* Textilfarbe in Blau
* Borstenpinsel, ca. 1 cm breit

8 Entferne das Trägerpapier ...

9 ... und kleb die Schablone auf die Außenseite des Umschlags. Denk auch an die Innenteile bei den Buchstaben „A“ und „R“.

10 Trage mit dem Borstenpinsel die blaue Textilfarbe auf.

11 Entferne die Schablone sofort, wenn du fertig bist.

Kim's Stecknadelkissen

Mit diesem Armband kannst du weitere Nähprojekte starten und musst nie wieder Stecknadeln suchen.

So wird's gemacht

1 Zunächst erstellst du aus Papier einen rechteckigen Schnitt für das Armband. Das Armband soll eine Breite von 4 cm haben. Da der Stoff in der Mitte zusammengelegt wird, musst du für die Breite 8 cm aufzeichnen. Für die Länge des Rechtecks miss den Umfang deines Handgelenks. Da du für den Klettverschluss zusätzlichen Stoff für die Überlappung brauchst, rechnest du zum Umfang noch ca. 3 cm hinzu. Zeichne diese Länge als lange Seite deines Rechtecks. Kim's Schnittteil ist ein Rechteck mit den Seitenlängen 20 cm (= 17 cm Handgelenkumfang + 3 cm Klettverschluss) x 8 cm (= die doppelte Armbandbreite). Schneide deinen Schnitt exakt aus, steck ihn mit Stecknadeln auf die linke Stoffseite und übertrage ihn mit einer regelmäßigen Nahtzugabe auf den Stoff.

2 Schneide den Stoff entlang der eingezeichneten Linie aus.

3 Leg den Stoff der Länge nach rechts auf rechts zusammen, so liegen die schönen Seite innen. Du kannst ihn zum genauen Positionieren bügeln.

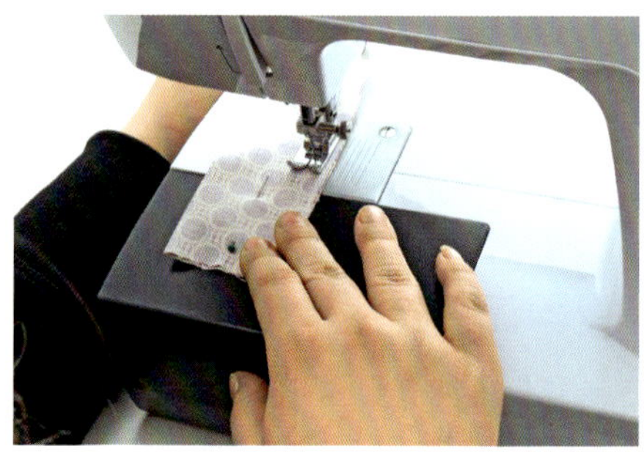

4 Fixier den gefalteten Stoff mit Stecknadeln und steppe ihn an einer kurzen und

Für das Armband mit Stecknadelkissen brauchst du:

* Baumwollstoff gemustert (für das Armband), 15 x 30 cm
* Baumwollstoff in Mintgrün mit weißen Tupfen (für das Kissen), 15 x 30 cm
* Zierband (für das Armband), ca. 1 cm breit, 20 cm
* Zierband in Rosa mit weißen Tupfen (für das Kissen), ca. 2 cm breit, 20 cm
* 1 hübschen Knopf
* Klettverschluss (Flausch -und Hakenseite), ca. 3 cm
* etwas Füllwatte
* Papier (für den Schnitt)
* Geodreieck
* Schneiderkreide

langen Seite zu. Verriegel den Anfang und das Ende der Naht. Die zweite kurze Seite bleibt als Wendeöffnung offen.

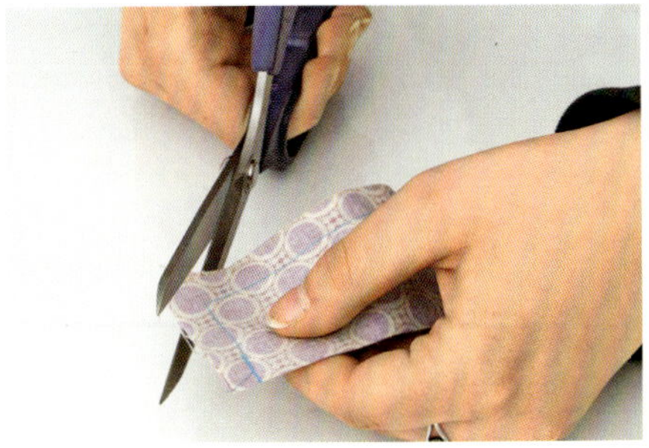

5 Schneide die Ecken nahe der Naht schräg ab. Achte dabei darauf, die Naht nicht zu verletzen.

6 Wende den Stoff auf rechts.

7 Falte die Nahtzugaben der Wendeöffnung nach innen und bügel das Band ordentlich.

8 Stepp das Band ringsum mit einem kurzem Geradstich ab. Dadurch verschließt du auch die Wendeöffnung.

9 Jetzt kannst du ausprobieren, was dir zum Aufpeppen deines Armbandes gefällt. Fast alles kannst du aufnähen: Hübsche Bänder, Schnürsenkel, Teile von kaputten Reißverschlüssen, Folienschnipsel usw.

10 Kim hat sich eine Sternchenborte ausgesucht und zwei Streifen zugeschnitten, die jeweils etwas länger als das Armband sind. Anfang und Ende des Bandes werden etwas nach innen gefaltet, damit die Kanten nicht ausfransen.

11 Näh die Borte knapp entlang beider Längskanten mit einem kurzen Geradstich auf.

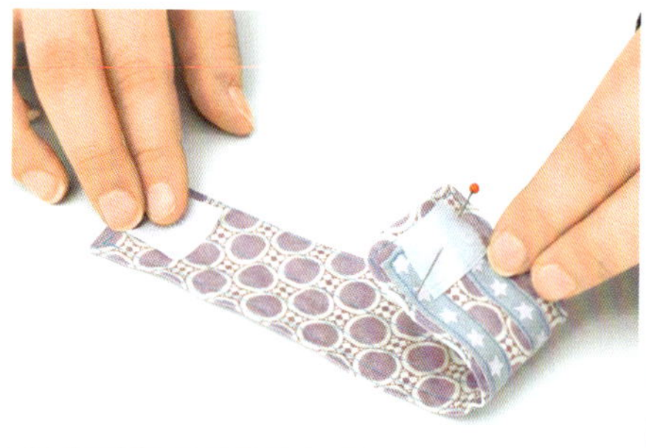

12 Für den Verschluss befestigst du ein Stück Klettverschlussband mit der Hakenseite auf der einen Seite des Armbandes, an das andere Ende und auf die andere Seite des Armbandes (Achtung: ausprobieren!) kommt ein passendes Stück Flauschseite.

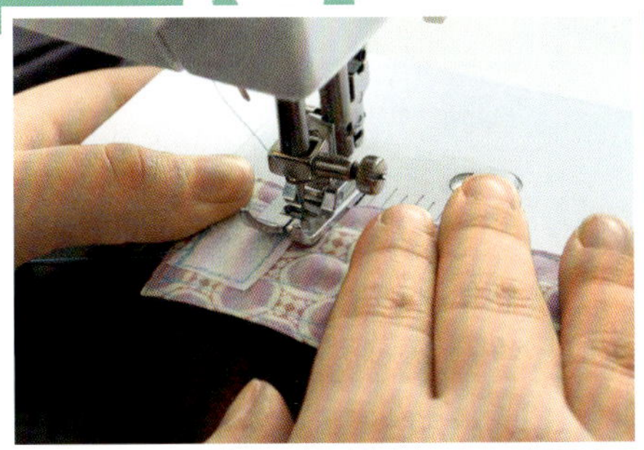

13 Damit der Klettverschluss richtig fest sitzt und nicht ausreißt, nähst du ihn knapp entlang des Randes zweimal ringsum mit dem Geradstich auf.

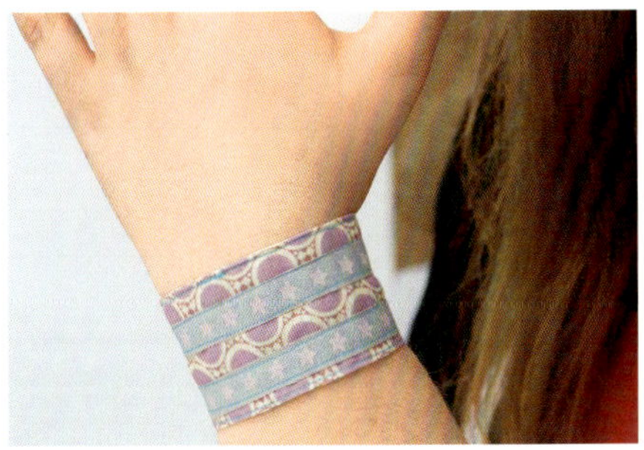

14 Fertig ist das Armband!

Wir waren etwas bequem und wollten nicht mit der Hand nähen. Daher haben wir das Stecknadelkissen wie im Folgenden beschrieben gearbeitet. Falls dir das zu kompliziert sein sollte, nähst du lediglich ein einfaches Kissen und nähst es anschließend von Hand am Armband fest.

15 Für das Stecknadelkissen erstellt du aus Papier einen quadratischen Schnitt von 8 x 8 cm. Schneide das Quadrat exakt aus, steck das Schnittteil mit Stecknadeln auf die linke Stoffseite, zeichne es mit einer regelmäßigen Nahtzugabe auf den Stoff und schneide die Teile aus.

16 Auf das Vorderteil des Stecknadelkissens kannst du nun Zierbänder nach deinem Geschmack anordnen. Wir haben zwei Bänder kreuzförmig übereinandergelegt.

17 Näh sie nacheinander knapp entlang beider Längskanten mit einem kurzem Geradstich auf. „Kurz" heißt, dass du eine kürzere Stichlänge als normalerweise einstellst.

18 Außerdem kannst du auch noch Perlen oder Knöpfe von Hand aufnähen.

19 Nun befestigst du das Kissen am Armband. Leg dafür die Kissenrückseite rechts auf rechts (die schönen Seiten liegen also aufeinander) mittig auf das Armband.

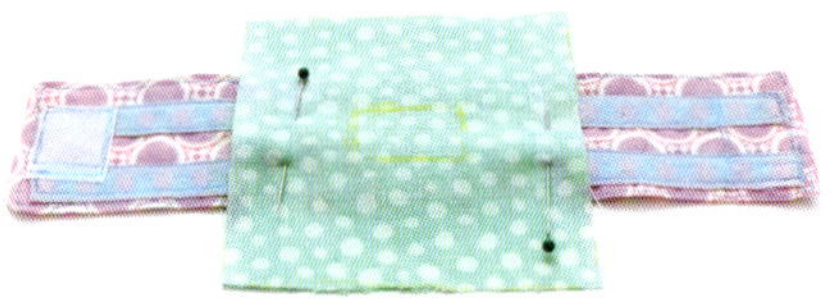

20 Steck das Teil mit Stecknadeln fest. In der Mitte (wir haben sie hier für dich mit gelber Kreide eingezeichnet) soll das Kissenteil aufgenäht werden.

21 Näh die Kissenrückseite rings um das eingezeichnete Rechteck mit einem breiten Zickzackstich auf.

22 Dreh deine Arbeit um, sodass du auf das Armband schaust. Leg das Armband eng zusammen und platzier das Kissenvorderteil bündig darüber. Achte darauf, dass die rechten Seiten des Kissens innen liegen.

23 Steck die Teile ordentlich zusammen, sodass das Armband später nicht am Rand mit eingenäht wird.

24 Näh das Kissen an drei Seiten mit einem kurzem Geradstich zu.

25 Schneide die Ecken nahe der Naht schräg ab ...

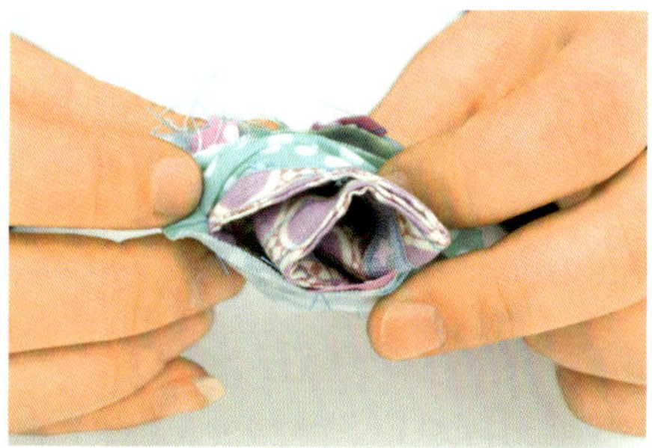

26 ... und wende das Kissen durch die offene Seite.

27 Füll das Kissen mit etwas Füllwatte.

28 Falte die Nahtzugaben an der Wendeöffnung nach innen und verschließ die Öffnung mit Stecknadeln.

29 Näh die Wendeöffnung mit einem kurzem Geradstich zu.

Geschafft

Oxana's T-Shirt

So was bekommst du nicht im Laden, dass MUSST du selber machen ...

So wird's gemacht

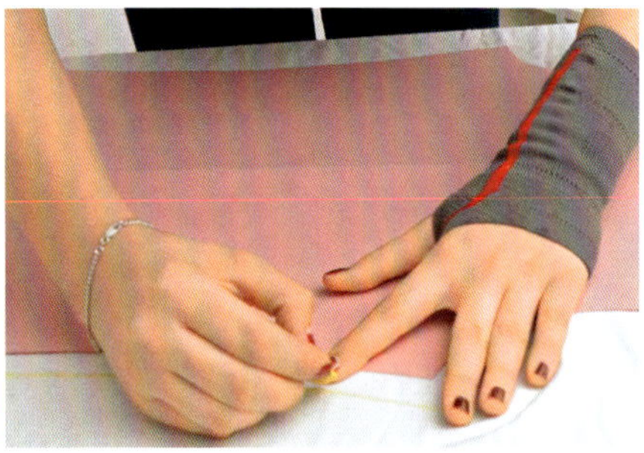

1 Übertrage das Schnittteil 4 für das T-Shirt in deiner Größe (S oder M/L) vom Vorlagenbogen auf ein großes Stück Papier und schneide es exakt aus. Leg den Schnitt auf den Stoff, fixier ihn mit Stecknadeln und übertrage die Form 2-mal mit einer regelmäßigen Nahtzugabe auf den Stoff. Achte beim Zuschneiden auch auf den Fadenlauf! Auf dem Schnittteil findest du einen Hinweis mit einem Doppelpfeil. Richte den Schnitt so aus, dass der Doppelpfeil parallel zu den Webkanten deines Stoffes verläuft. Schneide die Schnittteile 2-mal aus.

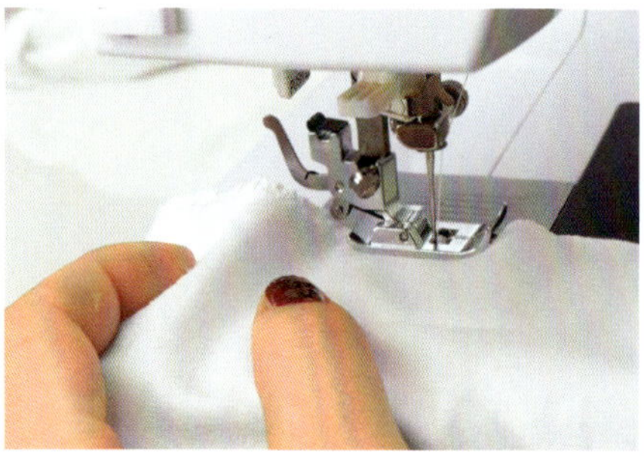

2 Versäubere jedes Teil ringsum mit einem breiten mittelkurzen Zickzackstich. „Mittelkurz" heißt, dass du zwar eine kurze Stichlänge einstellst, der Zickzack aber noch erkennbar ist.

3 Nun hübscht du das Vorderteil noch etwas auf: Kleb zunächst die Klebesternchen auf die Vorderseite.

Für das T-Shirt in S oder M/L brauchst du:

* Baumwoll-Stretchstoff in Weiß, ca. 70 x 140 cm (Größe S) oder 80 x 140 cm (Größe M/L)
* Textilfarbe in Blau und Rot
* Glitzer-Textilfarbe in Silber
* Klebesternchen
* feiner Haarpinsel, Zahnbürste und ein ca. 1 cm breiter Borstenpinsel
* Papier (für den Schnitt)

4 Jetzt wird mit blauer Textilfarbe und breitem Borstenpinsel das Logo oder der Spruch aufgeschrieben. Wir haben uns für „You Only Live Once" („Du lebst nur einmal") entschieden. Lass deinen Ideen freien Lauf: Wie wäre es mit einem blauen Herz? Mit dem Namen deiner Lieblingsband? Mit „I love music"? Oder nur mit „music"? Trau dich!

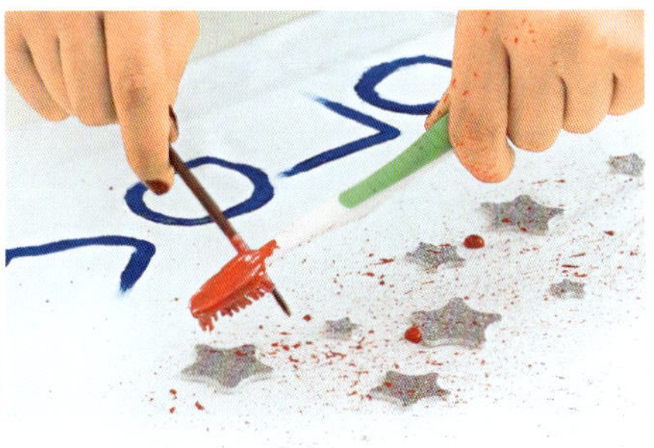

5 Die rote Farbe kannst du nun mit der Zahnbürste aus dem Gläschen nehmen und mit dem Pinsel spritzend abreiben. Es ist nicht schlimm, wenn zunächst große Tropfen herunterfallen. Sie sehen sehr schön aus!

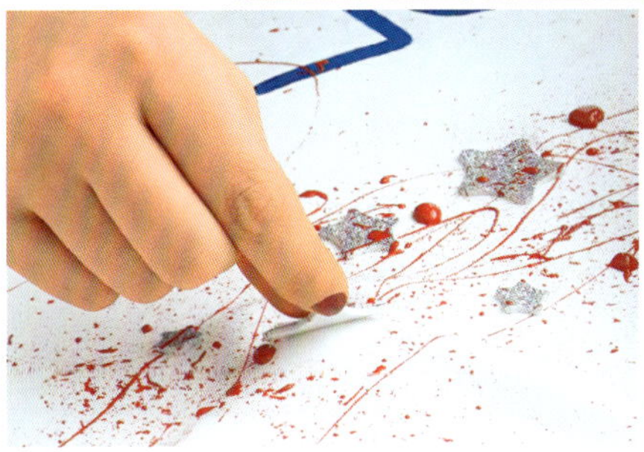

6 Entferne die Sterne, wenn du mit dem Aufbringen der roten Farbe fertig bist.

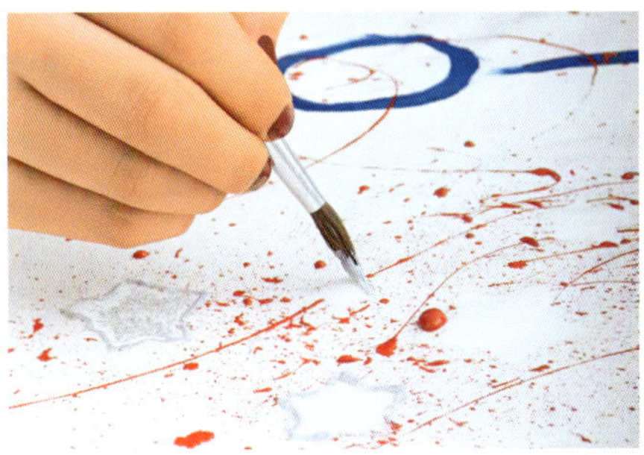

7 Jetzt kannst du mit einem Haarpinsel die Glitzerfarbe aufbringen. Wir haben damit die Sternchen nachgezeichnet. Wenn das Vorderteil fertig ist, muss es einige Zeit trocknen.

8 Leg die T-Shirt-Teile rechts auf rechts aufeinander und befestige die Schulternähte und die Seitennähte mit Stecknadeln.

9 Näh die Schulter- und Seitennähte zusammen. Dehn den Stretchstoff beim Nähen etwas, damit die Naht später nicht reißt.

Oxana's Loop

In zehn Minuten ist dieser Wickelschal genäht, und in Neongrün hat ihn ganz bestimmt noch keiner!

Für den Loop brauchst du:

* Synthetikstoff in Neongrün, 50 x 150 cm

So wird's gemacht

1 Breite den Stoff vor dir aus.

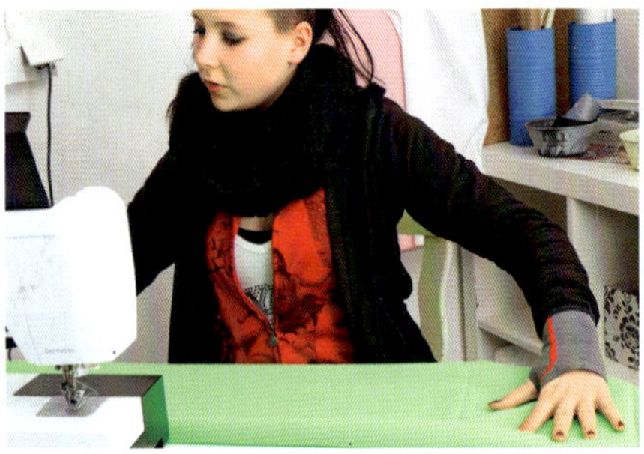

2 Falte den Stoff der Länge nach rechts auf rechts zur Hälfte zusammen. Die rechten Seiten befindet sich dann innen. Du hast nun ein langes Rechteck von 25 x 150 cm.

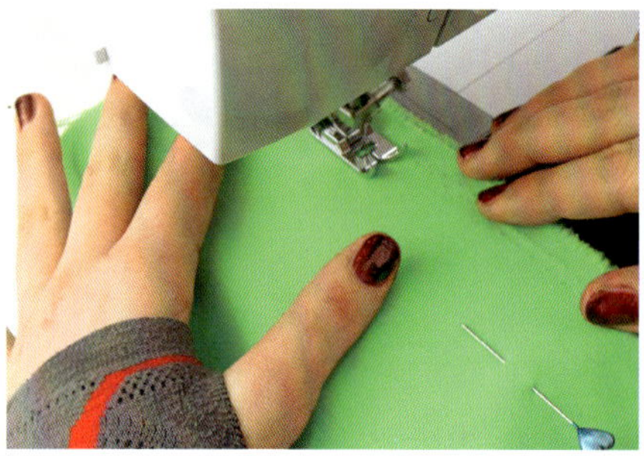

3 Näh die offenen Längskanten des Schals, also die 150 cm langen Kanten, mit einer gleichmäßigen Nahtzugabe zusammen.

4 Wende den Schal auf die rechte Seite. Nun liegen die Nahtzugaben innen.

5 An einer Öffnung faltest du die Kanten gleichmäßig nach innen und bügelst sie.

6 Steck nun die Kanten der ungebügelten Öffnung in die Öffnung mit den gebügelten Nahtzugaben und fixier sie mit Stecknadeln. So entsteht der typische „Loop" ohne Anfang und Ende.

7 Vernäh die Öffnung, indem du die Kanten der Öffnung gerade übereinanderlegst und gleichzeitig durch alle Stofflagen nähst.

Flo's Schlüssel-anhänger

Aus dem restlichen Stück Fahrradschlauch, das von der Handytasche übrig bleibt, kannst du schnell einen Schlüsselanhänger fertigen.

So wird's gemacht

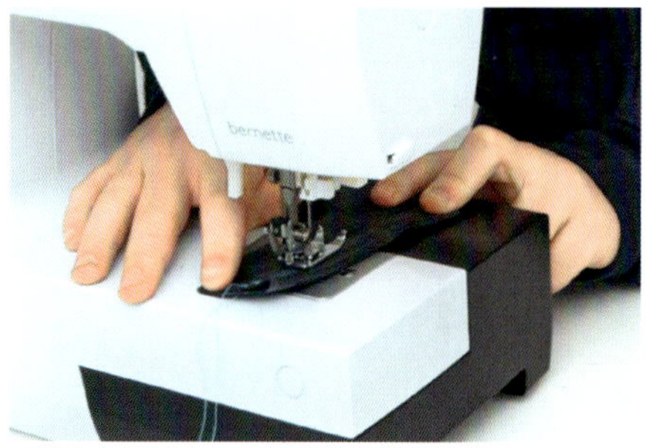

1 Falls dein Fahrradschlauch in der Mitte aufgeschlitzt ist, näh den Schlitz in der Mitte mit einem breiten Zickzackstich wieder zusammen. Wenn dein Stück Schlauch keinen Schlitz hat, kannst du trotzdem darübernähen, wenn du magst.

Für den Schlüsselanhänger brauchst du:

* 1 Stück Fahrradschlauch, ca. 12 cm lang
* Ösen mit Unterlegscheiben, Hammer
* 2 Schlüsselringe
* 1 Karabinerhaken

2 Zeichne mit Kugelschreiber eine oder zwei Formen auf den Schlauch. Wir haben uns für Kreise entschieden.

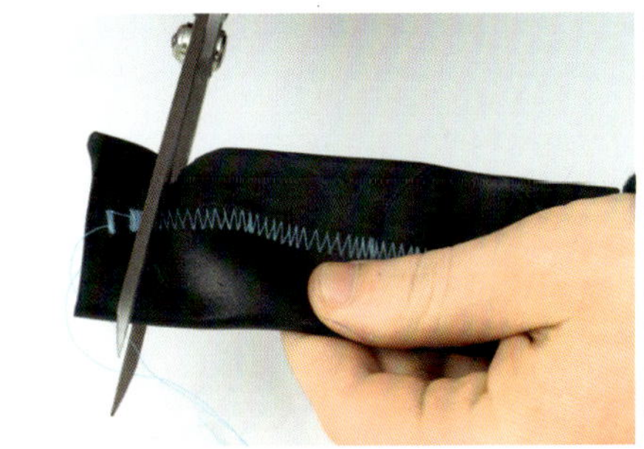

3 Schneide deine Formen aus.

4 Umnäh die Formen mit einem breiten Zickzackstich oder mit dem Geradstich nah entlang der Außenkanten.

5 Arbeite die Ösen inkl. Unterlegscheiben ein. Wie das gemacht wird, wird vom Hersteller der Ösen beschrieben. Du kannst auch nochmal im Kapitel „Pinnwand" auf Seite 47 nachschauen.

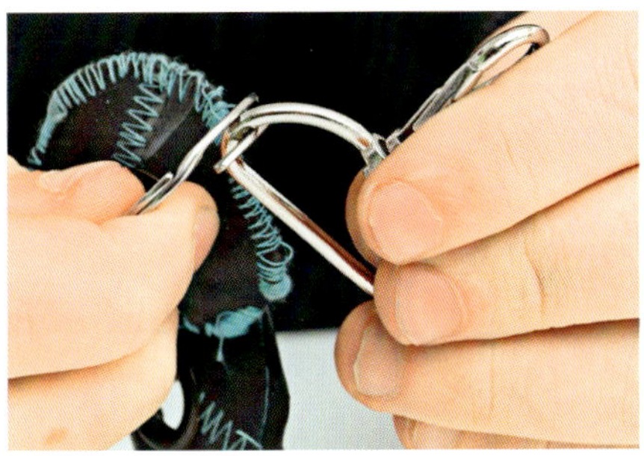

6 Verbinde deine umnähten Formen mit Schlüsselringen und befestige daran einen Karabinerhaken.

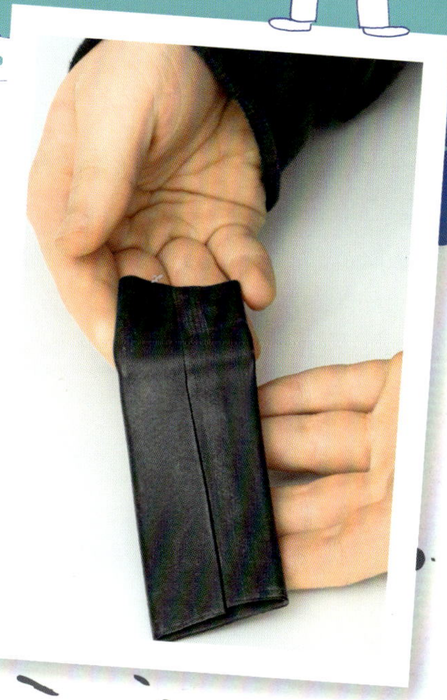

Henni's Sitzsack

Mach es dir so richtig schön gemütlich mit einem Sitzsack in deinem Design! Die Farben und die Applikationen kannst du an deine Zimmerdeko anpassen. Dieser Sitzsack besteht aus zwei gleich großen Kreisen (= Deckel und Boden), die durch ein langes Rechteck (= Seitenteil) verbunden werden. Wir haben uns einen großen Deckel von einem Futtereimer als Formgeber geborgt. Die Maße haben wir ausgemessen, so kannst du den gleichen Hocker nachnähen oder du überlegst dir andere Maße.

So wird's gemacht

1 Zeichne einen Kreis mit 44 cm Durchmesser auf Papier. Um genau diesen Kreis zu erhalten, kannst du z.B. mit einer Schnur und einem Bleistift einen Kreis mit einem Radius von ca. 22 cm ziehen. Halte den Anfang der Schnur in die Mitte des Papiers oder bitte jemanden, ihn dort festzuhalten. Nun zieh den Bleistift an der gespannten Schnur um die Mitte herum.

2 Prüf den Umfang deines Kreises. Er sollte 140 cm sein.

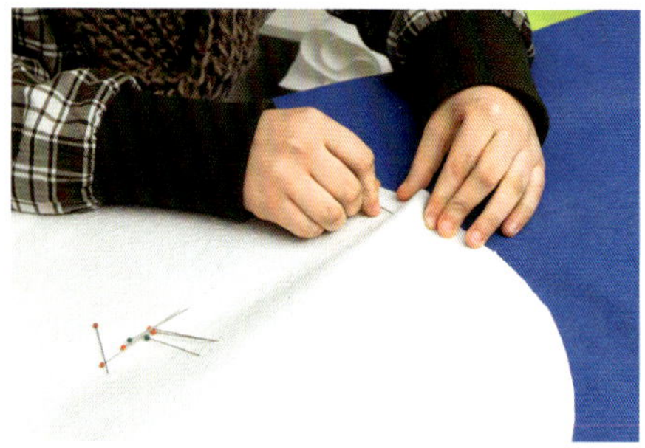

3 Schneide die Kreisform exakt aus und stecke sie mit Stecknadeln auf den Stoff.

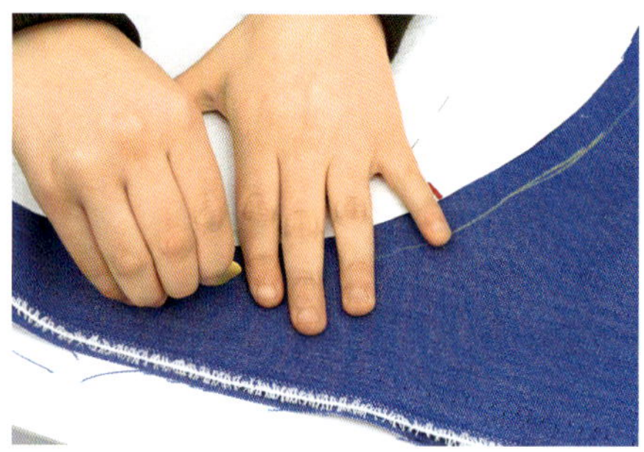

4 Zeichne mit Schneiderkreide eine regelmäßige Nahtzugabe ein. Wir haben eine Nahtzugabe von 2 cm gewählt.

5 Schneide auf diese Weise zwei Kreise aus Stoff zu. Du könntest den Stoff auch doppelt legen, bevor du zuschneidest, dann hast du einen Arbeitsschritt gespart.

6 Für das Seitenteil des Hockers fertigst du ebenfalls einen Schnitt aus Papier an. Unser Kreis hat einen Umfang von 140 cm, und der Hocker soll 32 cm hoch werden. Das rechteckige Schnittteil misst also 140 x 32 cm. Steck das Schnittteil auf den Stoff. Zeichne mit Schneiderkreide das Rechteck mit 2 cm Nahtzugabe an den langen Seiten und jeweils 5 cm an den kurzen Seiten auf den Stoff. An den langen Seiten sind wir mit der Nahtzugabe wegen des Verschlusses großzügiger. Schneide dieses Rechteck von nun 36 x 150 cm 1-mal zu. (Falls dein Kreis einen anderen Umfang hat, pass die Länge des Rechtecks dementsprechend an.)

Für den Sitzsack brauchst du:

* Markisenstoff in Blau (für den Sitzsack), 100 x 150 cm
* Baumwollstoff in Neongelb (für die Tupfen), 40 x 50 cm
* 1 alte Jeanshose (für die Taschen)
* beidseitig aufbügelbares Haftvlies, 40 x 50 cm
* Papier (für den Schnitt)
* Schneiderkreide
* Stroh oder Styroporkügelchen (als Füllung)

7 Für die Taschen, die seitlich aufgesetzt werden sollen, brauchst du zwei Stoffstücke von 15 x 22 cm. Wir haben sie aus alten Jeanshosenbeinen zugeschnitten.

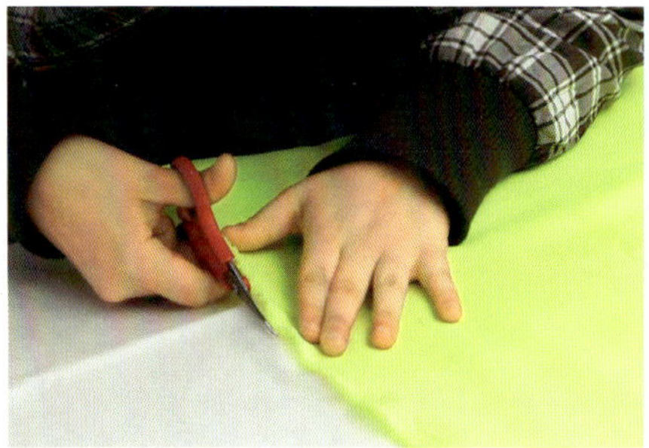

8 Für die Tupfen schneidest du aus neongelbem Stoff ein Stück von ca. 40 x 50 cm zu. Schneide aus aufbügelbarem Haftvlies ein fast gleich großes Stück zu.

9 Leg den neongelben Stoff mit der linken Seite (= Rückseite) auf die Klebeseite des Haftvlieses und bügel ihn auf.

Bei der Arbeit

10 Auf das Trägerpapier des Haftvlieses überträgst du verschieden große Kreisformen mit Bleistift.

11 Schneide die gelben Kreise exakt aus.

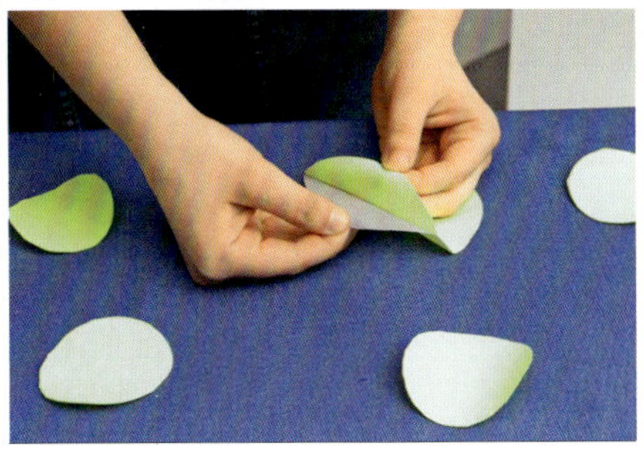

12 Ordne sie auf der rechten (schönen) Seite auf einem der blauen Kreiszuschnitte (= Hockerdeckel) an und zieh das Trägerpapier ab.

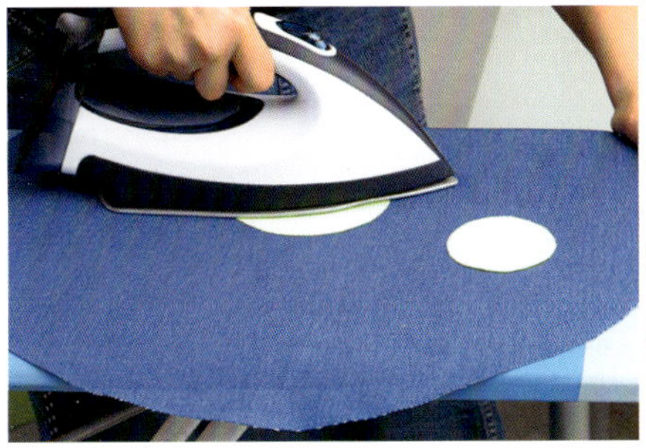

13 Leg die kleinen gelben Kreise mit der Klebeseite auf die rechte Seite des Hockerdeckels auf und bügel sie fest.

14 Hier sind die Tupfen aufgebügelt.

15 Nun steppst du die aufgebügelten Kreise ringsum mit einem breiten kurzen Zickzackstich fest, damit die Stoffkanten nicht ausfransen. „Kurz" heißt, dass du eine so kurze Stichlänge einstellst, dass der Zickzackstich die Kante verdeckt.

16 Die Taschen verzierst du auf die gleiche Weise mit gelben Tupfen.

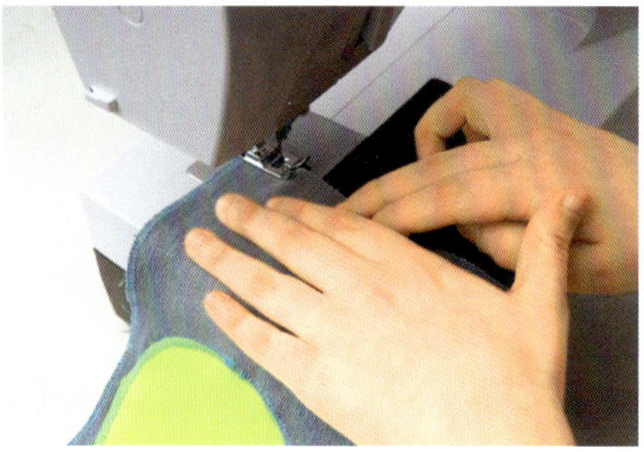

17 Dann versäuberst du die beiden Taschen ringsum mit einem breiten kurzen Zickzackstich.

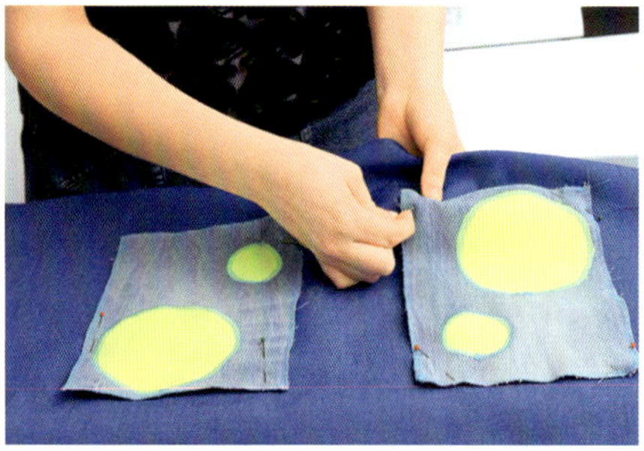

18 Positionier die Taschen auf der rechten (schönen) Seite des Seitenteils und fixier sie mit Stecknadeln.

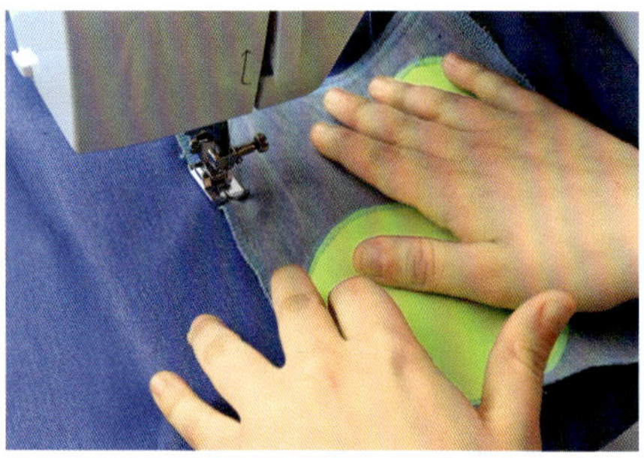

19 Näh die Taschen an den Seiten- und der Unterkante mit einem breiten mittelkurzen Zickzackstich auf. „Mittelkurz" heißt, dass du zwar eine kurze Stichlänge einstellst, der Zickzack aber noch erkennbar ist. Die Oberkanten der Taschen bleiben natürlich offen.

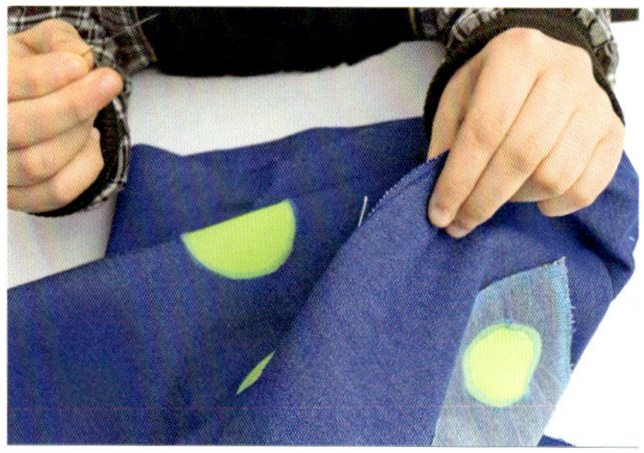

20 Nun steckst du die Teile zusammen. Wir wollen die Nahtzugaben außen lassen. Deshalb legen wir die Stoffteile links auf links. Beginn mit dem Hockerdeckel und stecke das Seitenteil (= Rechteck) ringsum fest, dabei lässt du jedoch die ersten 5 cm des Seitenteils frei. Auch zum Schluss bleiben ca. 5 cm frei. Diese Stücke sind die Nahtzugaben der Stopföffnung (siehe auch Schritt 23). Anschließend steckst du die Hockerunterseite genauso fest.

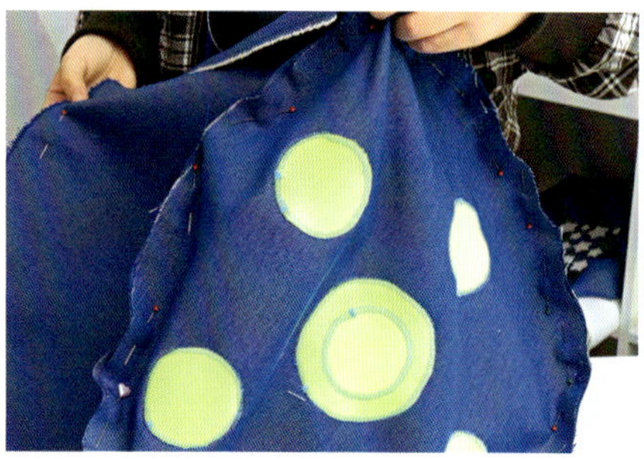

21 So sieht der Sitzsack aus, wenn alle Teile zusammengesteckt sind.

22 Vernäh die Kanten mit einem schmalen mittellangen Zickzackstich. „Mittellang" heißt, dass du die Stichlänge etwas länger als gewöhnlich einstellst.

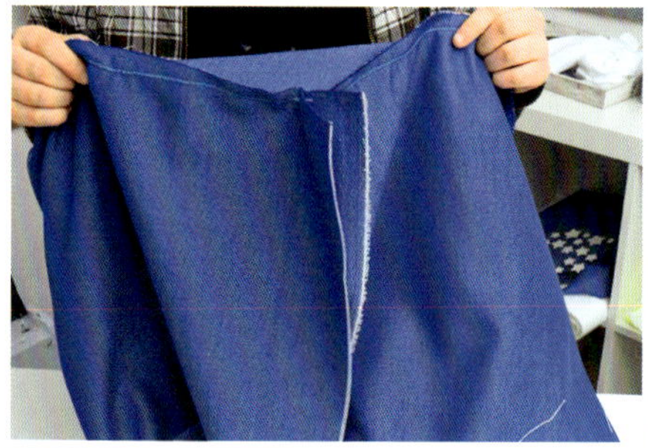

23 So sieht der zusammengenähte Sitzsack aus. Am Seitenteil siehst du Nahtzugaben des Seitenteils, die noch nicht zusammengenäht sind. Dies ist die Stopföffnung.

24 Stopfe den Sitzsack mit Füllmaterial. Am besten wäre eine Styroporfüllung. Da man für dieses Volumen aber eine Menge Füllmaterial benötigt, haben wir uns einen kleinen Strohballen vom Bauern geholt.

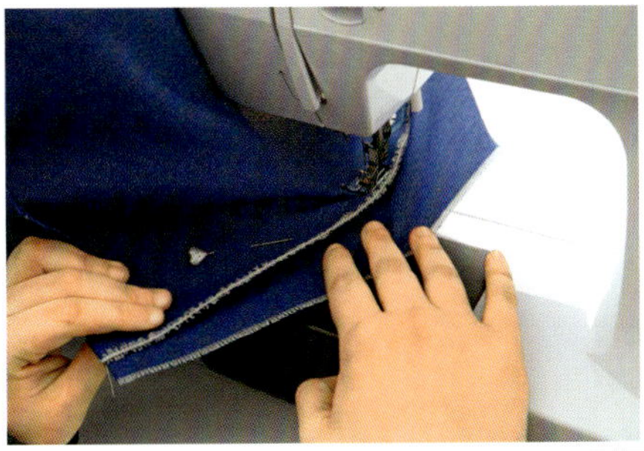

25 Verschließ die Öffnung mit einigen Stecknadeln und drücke den Sitzsack so unter die Nähmaschine, dass du die Öffnung mit dem Zickzackstich ordentlich zusteppen kannst. Du kannst die Öffnung natürlich auch von Hand zunähen.

26 Schneide die überstehenden Nahtzugaben an der Stopföffnung etwas zurück.

Fertig zum Draufwerfen!

Erik's Pinnwand

Für die Pinnwand brauchst du:

* 1 Holzplatte, ca. 1 cm stark, ca. 70 x 90 cm
* 1 Korkplatte, 30 x 50 cm
* je 1 Spraydose mit Silbergrau und Lichtblau
* Markisenstoff in Blau, 55 x 65 cm
* 1 Motivstoff deiner Wahl, z. B. Comicstoff, 25 cm breit x 45 cm hoch
* aufbügelbare Laminierfolie, 30 x 50 cm
* 1 Päckchen Ösen mit Unterlegscheiben, ø 8 mm
* Hammer, dünne Nägel, Krampen, Paketschnur
* Papier (für den Schnitt)
* Geodreieck, Schneiderkreide, Schere
* Backpapier oder einen Stoffrest, den du nicht mehr brauchst (als Bügelschutz)

Erst gesprüht und gehämmert, dann gebügelt und genäht ...

So wird's gemacht

1 Sprüh die Holzplatte zunächst im Farbton Silbergrau an. Achte darauf, dass du deinen Arbeitsbereich mit Zeitungspapier oder Ähnlichem abklebst, um ihn vor Sprühnebel zu schützen. Sorge außerdem für gute Belüftung. Am besten sprühst du draußen bei gutem Wetter.

2 Anschließend sprühst die Korkplatte im Farbton Lichtblau ein.

3 Wenn beide Platten getrocknet sind, befestigst du die Korkplatte mit Nägeln rechts oben auf der Holzplatte.

4 Zum Aufhängen befestigst du an der Holzrückseite eine ca. 40 cm lange Schnur. Verknote beide Enden an jeweils einer Krampe und schlage diese mit dem Hammer ca. 10 cm von der oberen Kante und 10 cm von der Seite entfernt ein.

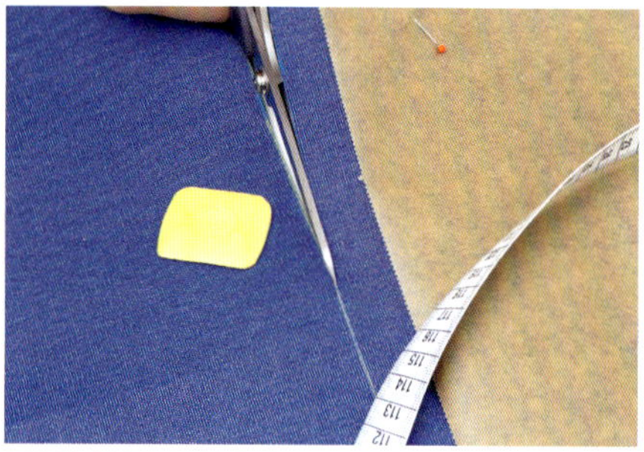

5 Nun nähst du das Aufbewahrungssystem, das 3 Taschen bekommt und auch an dem Holzbrett befestigt werden soll. Für den Schnitt (Hauptteil) zeichnest du auf ein großes zusammengeklebtes Papier oder Zeitungspapier ein Rechteck von 50 x 60 cm. Schneide es aus und leg es auf den Markisenstoff. Zeichne ringsum eine gleichmäßige Nahtzugaben ein und schneide die Form aus. Wenn du eine Nahtzugabe von 2 cm wählst, ist das Stoffstück anschließend 54 x 64 cm groß.

6 Falte den Stoff rechts auf rechts (also mit den schönen Seiten innen) mittig zur Hälfte zusammen, sodass die 60 cm Kante bündig (ordentlich) zusammenliegt. Nun ist das Stoffstück ca. 32 x 54 cm groß (falls du auch eine Nahtzugabe von 2 cm gewählt hast).

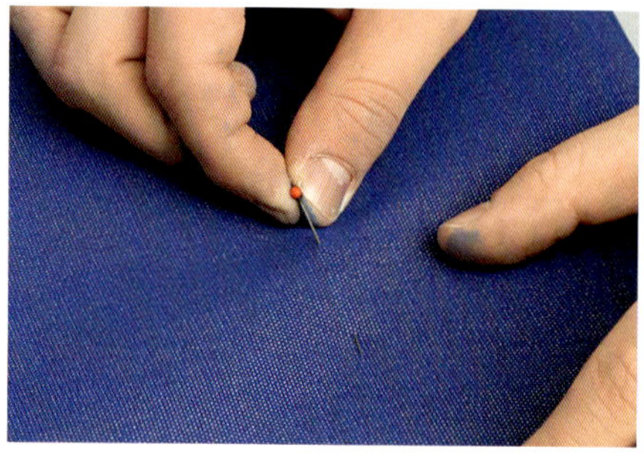

7 Fixier die Stoffschichten mit Stecknadeln.

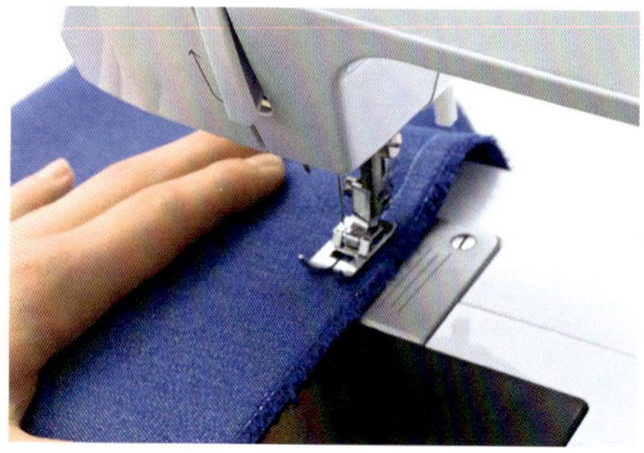

8 Näh das Rechteck ringsum (bis auf die gefaltete Kante) mit der von dir gewählten Nahtzugabe zusammen, lass dabei jedoch eine ca. 10 cm große Öffnung zum Wenden frei.

9 Schneide alle Ecken bis kurz vor die Naht schräg ab. Achte dabei darauf, die Naht nicht zu verletzen.

10 Wende das Rechteck durch die Wendeöffnung auf die rechte Seite.

11 Falte die Nahtzugaben an der Wendeöffnung gleichmäßig nach innen. Bügel das Rechteck.

12 Verschließ die Wendeöffnung mit Stecknadeln.

13 Stepp das gesamte Rechteck ringsum füßchenbreit mit einem breitem Zickzackstich ab, damit verschließt du gleichzeitig auch die Wendeöffnung.

14 In dem Päckchen mit den Ösen und Unterlegscheiben findest du die verschiedenen Aufsätze zum Stanzen von Löchern, zum Verschließen der Ösen sowie eine Anleitung. Stanze je 1 Loch gleichmäßig in die äußeren beiden Ecken an einer kurzen Kante des Rechtecks. Dies ist die Oberkante.

15 Wechsel nun die Aufsätze: Leg für jeden Aufhänger die Öse von unten in den Stoff und von oben die Unterlegscheibe darauf. Schlag die Öse mit der Unterlegscheibe mit einem Hammer zusammen.

16 Wähle nun aus deinem Motivstoff ein passendes Motiv für die Taschen aus und schneide ein Rechteck von ca. 25 x 45 cm zu (es muss etwas kürzer und schmaler als das Hauptteil sein).

17 Leg die aufbügelbare Laminierfolie über dein gewähltes Motiv und scheide diese etwas größer als den Motivstoff zu.

18 Breite den Motivstoff auf Backpapier auf dem Bügelbrett aus, die rechte (schöne) Seite zeigt dabei nach oben. Leg die Laminierfolie mit der Klebeseite nach unten auf den Stoff. Darüber legst du noch einmal Backpapier zum Schutz. Nun kannst du die Folie auf den Motivstoff aufbügeln.

19 Die überstehende Laminierfolie schneidest du mit einer Schere ab. Der Stoff fühlt sich jetzt wie eine feste, abwischbare Lacktischdecke an.

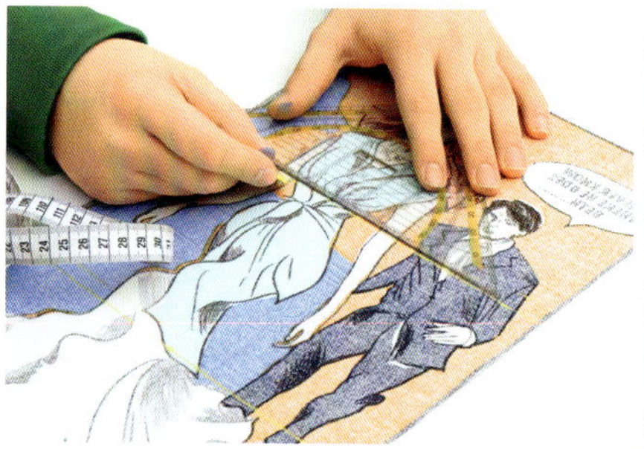

20 Teile den Stoff quer in 3 gleiche Teile ein (wie auf dem Foto zu sehen), zeichne dafür auf die Rückseite des Stoffes 2 Linien im Abstand von 15 cm mit einem Geodreieck auf.

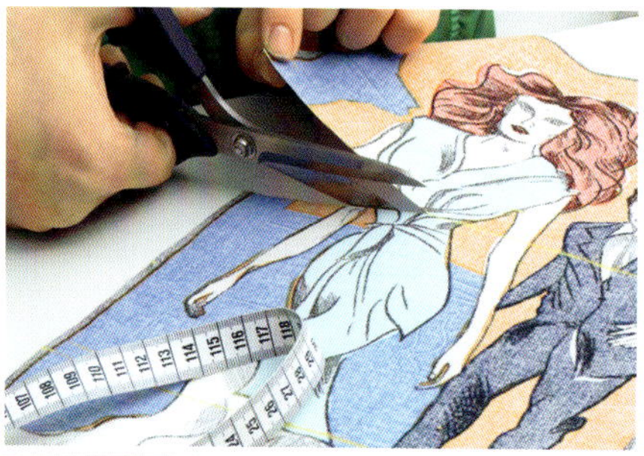

21 Schneide den Stoff entlang dieser Linien auseinander.

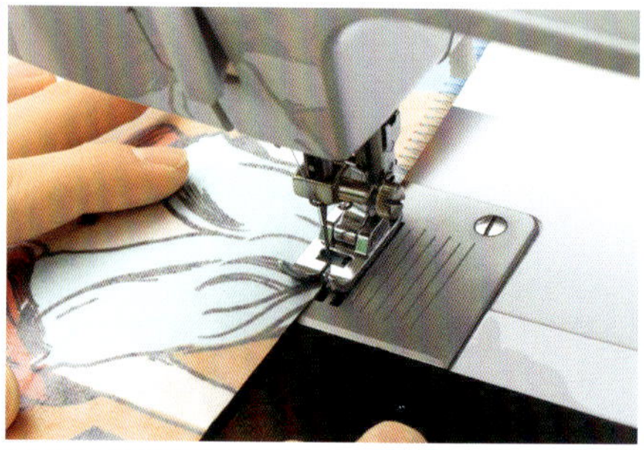

22 Versäubere alle 3 Teile ringsum mit einem breiten mittelkurzen Zickzackstich. „Mittelkurz" heißt, dass du zwar eine kurze Stichlänge einstellst, der Zickzack aber noch erkennbar ist. Diese Teile sind die Taschen.

23 Ordne die 3 Teile mit gleichmäßigem Abstand übereinander auf dem Hauptteil an. Achte dabei darauf, dass die Ösen frei bleiben.

24 Fixier die Taschen mit Stecknadeln.

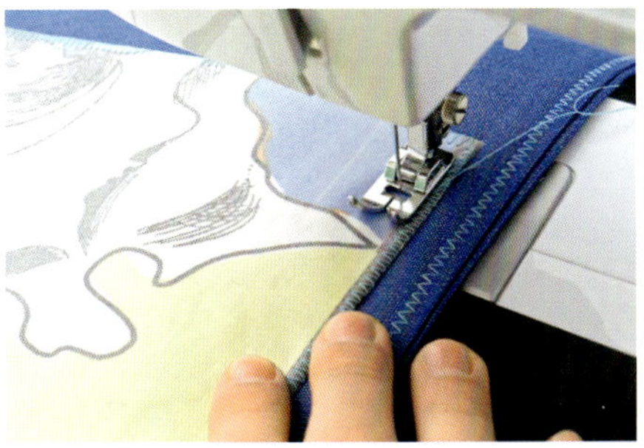

25 Näh die Taschen mit einem breitem kurzen Zickzackstich an den Seiten und der Unterkante fest. „Kurz“ heißt, dass du eine so kurze Stichlänge einstellst, dass der Zickzackstich die Kante verdeckt. Die Oberkanten der Taschen bleiben natürlich offen.

... auf geht's zum Fototermin!

Snow's Mäppchen

Näh dir für die Schule dein eigenes Mäppchen! Stifte, Lineal und Schere passen hinein.

So wird's gemacht

1 Zeichne ein Rechteck von 20 x 22 cm auf Papier und schneide es exakt aus. Dies ist dein Schnitt. Steck ihn je 1-mal mit Stecknadeln auf die linken Seiten deiner beiden Stoffe und auf die Bügeleinlage. Zeichne das Rechteck jeweils mit Schneiderkreide mit einer gleichmäßigen Nahtzugabe auf die Stoffe und die Einlage.

Für das Mäppchen brauchst du:

* 1 Endlos-Reißverschluss mit einem Zipper in Weiß, ca. 40 cm
* Kord in Blau (für die Außenseite), 25 x 30 cm
* Blümchenstoff in Lila (für das Futter), 25 x 30 cm
* feste Bügeleinlage, 25 x 30 cm
* Deko-Bügelfolie in Silber und Silber-Schwarz
* Papier (für den Schnitt)
* Schneiderkreide

2 Schneide die Rechtecke entlang der eingezeichneten Linien aus.

3 Du hast nun 3 gleiche Teile: 2 Teile aus verschiedenen Stoffen und 1 Teil aus Bügeleinlage.

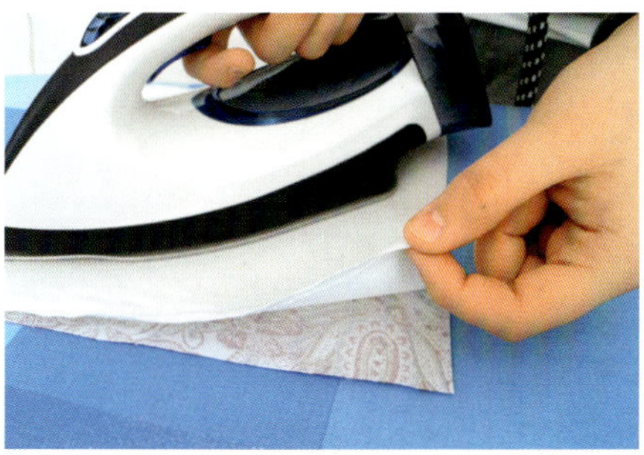

4 Leg die klebende Seite der Bügeleinlage auf die linke Stoffseite des Futters und bügel sie auf.

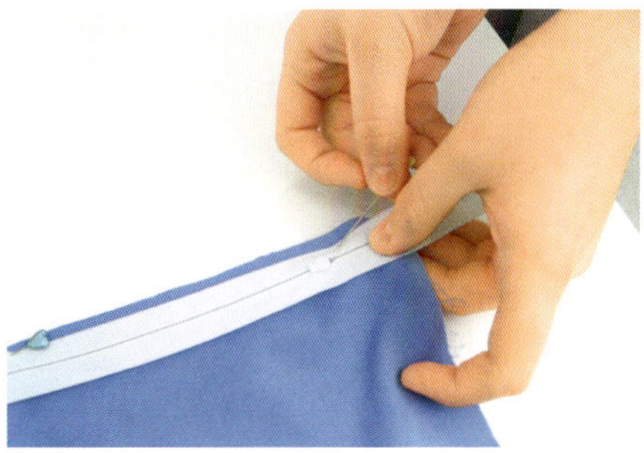

5 Leg den Reißverschluss mit der rechten Seite nach unten (der Zipper liegt dann unten) auf die rechte Seite des Außenstoffes an eine 22 cm lange Kante, wie auf dem Foto zu sehen. Steck ihn mit Stecknadeln auf dem Stoff fest. Lass den Reißverschluss dabei an beiden Seiten gleich lang überstehen. So hast du genug Platz zum Arbeiten.

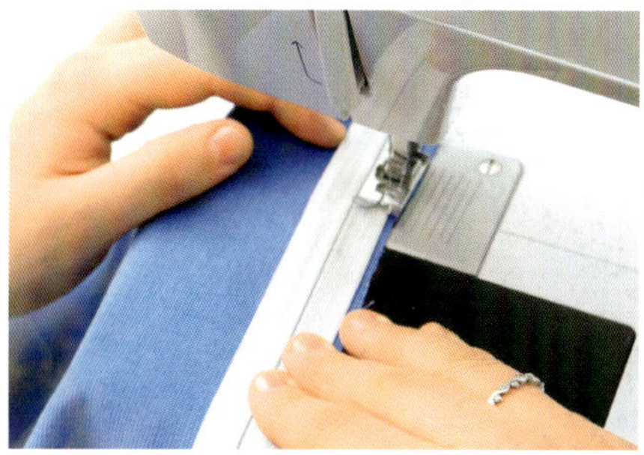

6 Näh den Reißverschluss an der Seite, die näher an der Stoffkante liegt, mit dem Geradstich fest. Wir haben dafür eine Stichlänge von etwas weniger als 2 mm gewählt. Stell die Nadel auch auf die linke Position, das Füßchen läuft dann genau am Reißverschluss entlang.

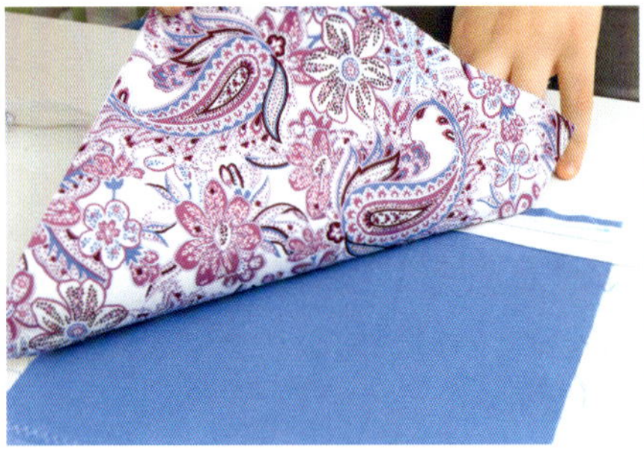

7 Leg den Futterstoff mit der rechten Seite bündig auf die rechte Seite des Außenstoffes.

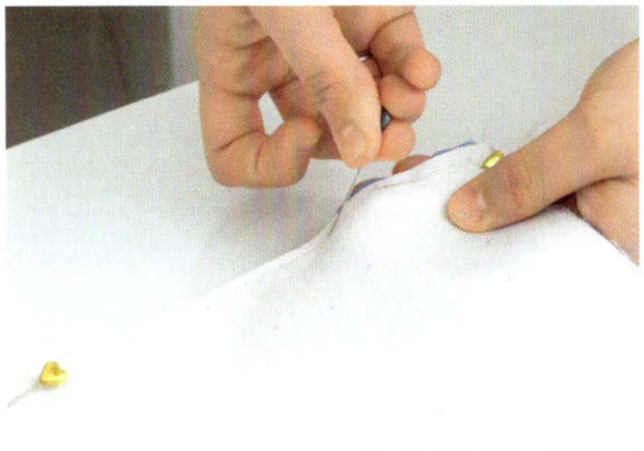

8 Steck die Stoffe an der Kante mit dem Reißverschluss mit Stecknadeln fest. Du siehst hier die Rückseite des Futters mit der aufgebügelten Einlage.

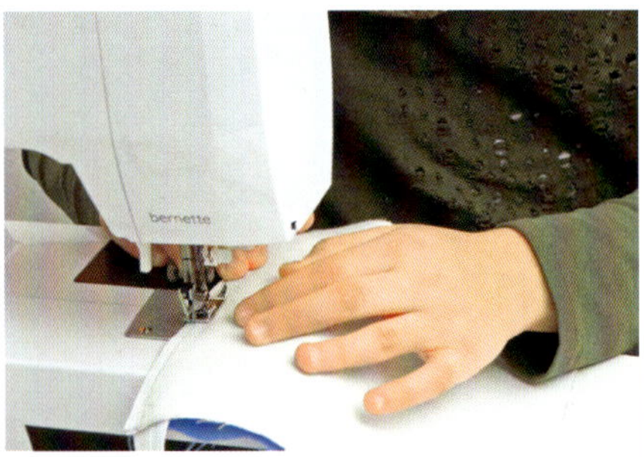

9 Näh das Futter, wie in Schritt 6 beschrieben, über der ersten Naht fest.

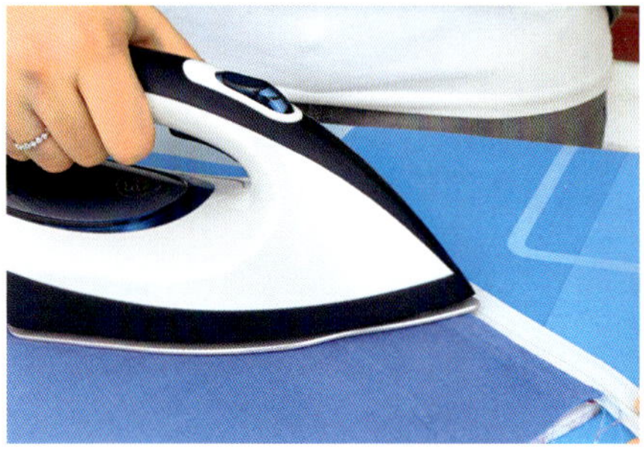

10 Klapp die Stoffe um, sodass die rechten Seiten zu sehen sind, und bügel sie ordentlich auseinander.

11 Falte das Futter rechts auf rechts und leg die Stoffkante bündig an die Oberkante des Reißverschlusses.

12 Fixier die Oberkanten mit Stecknadeln.

13 Stepp entlang des Reißverschlusses wie bei den anderen Nähten (siehe Schritt 6).

14 Falte nun den Außenstoff rechts auf rechts und leg die Stoffkante bündig an die Oberkante des Reißverschlusses.

15 Wie du auf dem Foto siehst, entstehen auf diese Weise zwei verschiedene Tunnel.

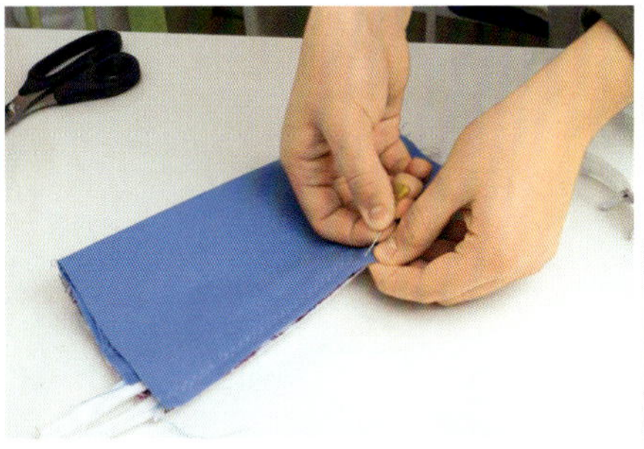

16 Fixier die Oberkanten mit Stecknadeln.

17 Näh die Kanten wie in Schritt 6 zusammen, denn auch hier musst du nah an den Reißverschlusszähnchen nähen, auch wenn diese verdeckt sind.

18 Greif in den Tunnel des Außenstoffes und öffne den Reißverschluss etwas.

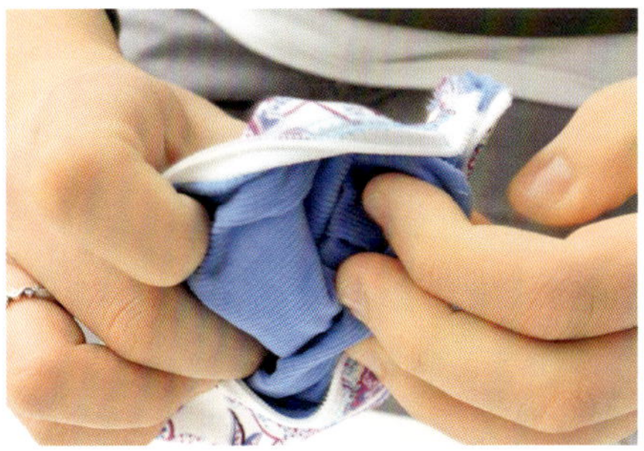

19 Wende den Außenstoff auf rechts.

20 Nun kannst du die Nähte entlang des Reißverschlusses zusätzlich mit einem Zickzackstich betonen.

21 Wende das Mäppchen auf links und das Futter auf rechts.

22 Näh die seitlichen Öffnungen zusammen, verschieb dafür den Reißverschluss an die gewünschte Stelle. Achte darauf, dass der Zipper im Inneren des Mäppchens liegt und der Reißverschluss geöffnet ist, damit du das Mäppchen später wenden kannst.

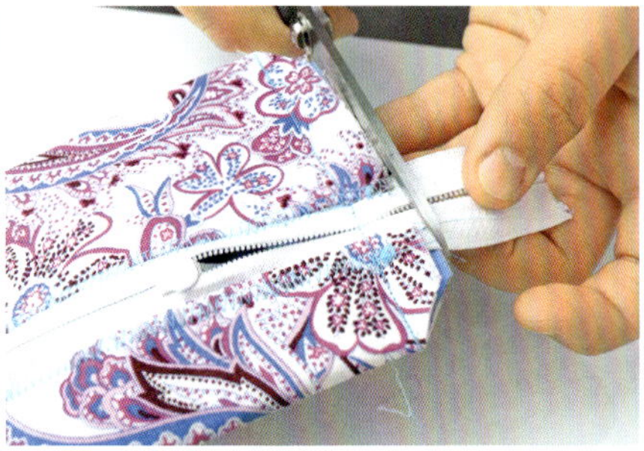

23 Schneide den Reißverschluss an beiden Seiten bündig an den Stoffkanten der Nahtzugabe ab.

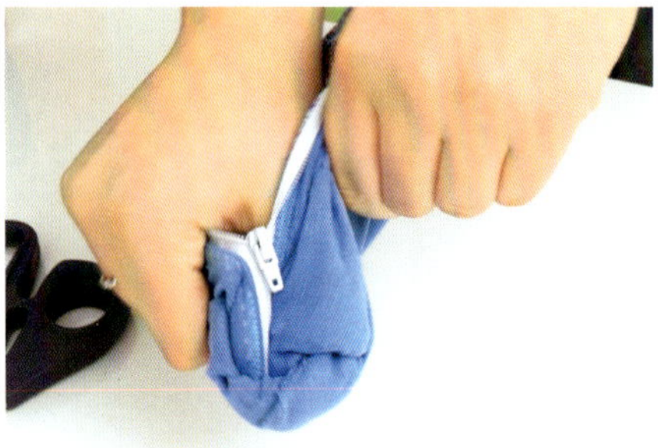

24 Wende das Mäppchen durch den Reißverschluss auf rechts und bügel es.

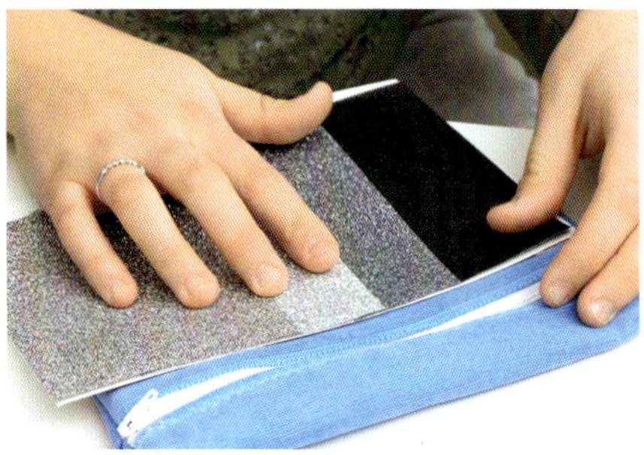

25 Nun kannst du mit aufbügelbarer Glitzerfolie dein eigenes Design entwerfen.

26 Wenn du wie bei diesem Mäppchen Streifen in Schwarz und Silber aufbügeln möchtest, zeichne dir die Streifen zunächst mit dem Lineal auf die Folie auf und schneide sie zu.

27 Platzier die Streifen an der gewünschten Stelle, leg ein Stück Stoff zum Schutz darüber und bügel sie auf.

Pietro's Tasche

Für die Tasche brauchst du:

* Baumwollstoff in Grün (für die Taschenaußenseite), 50 x 90 cm
* aufbügelbare Laminierfolie, 50 x 90 cm (wenn du sie nicht so breit erhältst, kannst du sie beim Anbügeln etwas übereinanderlegen)
* Baumwollstoff in Beige kariert (für das Futter), 50 x 90 cm
* Baumwollstoff in Grün kariert (für den Deckel), 45 x 80 cm
* aufbügelbare Vlieseinlage (für den Deckel), 45 x 40 cm
* festes Web- oder Gurtband in Grün (für den Tragegurt), ca. 4 cm breit, 140 cm
* festes Webband mit Motiv (für die Applikation auf dem Deckel), ca. 4 cm breit, 50 cm
* ca. 5 Ösen und Unterlegscheiben, Hammer
* ausgefallenes Stoffstück (zum Stylen des Deckels), ca. 20 x 25 cm
* Karabinierhaken
* Papier (für den Schnitt)
* Geodreieck
* Schneiderkreide
* Handnähnadel

Für Schulsachen oder Nachmittage in der Stadt – in die Tasche passt viel rein, und du kannst sie nach deinem Geschmack designen.

So wird's gemacht

1 Übertrage das Schnittteil 3 für den Taschenkörper vom Vorlagenbogen auf Papier. Für den Deckel fertigst du ebenfalls einen Schnitt aus Papier an. Zeichne dafür ein Rechteck von 30 x 38 cm auf. Schneide deine Schnittteile aus.

2 Leg die Laminierfolie mit der Klebeseite auf die rechte Seite deines Außenstoffes und bügel sie auf. Leg ggf. als Schutz ein Stück Stoff auf, das du nicht benötigst.

3 Wenn du magst, kannst du vor dem Aufbügeln außerdem noch Stofffetzen, Fahrkarten oder persönliche Zettelchen zwischen Laminierfolie und Außenstoff legen. Das gibt deiner Tasche deinen Style!

4 Falte den Stoff für die Taschenaußenseite rechts auf rechts zusammen (die laminierten Seiten liegen also innen aufeinander). Steck den Schnitt für den Taschenkörper auf dem Stoff fest und zeichne die Form mit einer gleichmäßigen Nahtzugabe mit Schneiderkreide auf den Stoff.

5 Schneide die Taschenaußenseiten 2-mal aus. Da du den Stoff zuvor gefaltet hast, brauchst du nur 1-mal zuzuschneiden.

6 Lass die Teile rechts auf rechts bündig aufeinanderliegen und fixier sie mit Stecknadeln.

7 Näh nur die Unterkante und die beiden Seitenkanten zusammen, lass die Bodenecken offen! Die Nähte haben jeweils einen Abstand einer Nahtzugabenbreite zu den Ecken. Schau dir dafür noch einmal die Fotos der Schritte 19 bis 22 für das Schminktäschchen auf Seite 17–18 an. Dort sind die Nähte eingezeichnet.

8 Falte den Stoff für das Futter rechts auf rechts zusammen. Steck den Schnitt für den Taschenkörper auf dem Stoff fest und zeichne die Form mit einer gleichmäßigen Nahtzugabe mit Schneiderkreide auf den Stoff. Schneide das Futter zu. Da der Stoff doppelt liegt, brauchst du nur 1-mal zuzuschneiden.

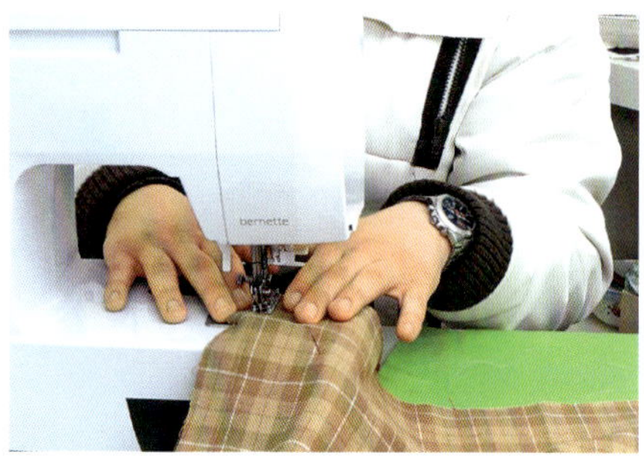

9 Näh das Futter genauso wie die Außenseite (siehe Schritt 7) nur an der Unterkante und den beiden Seitenkanten zusammen und lass die Bodenecken offen.

10 Drücke die Ecken zusammen. Die Stoffkanten der Bodenecken bilden dann eine gerade Linie (siehe auch Schritt 22 auf Seite 18 für das Schminktäschchen).

11 Fixier alle 4 Bodenecken mit Stecknadeln.

12 Näh die Bodenecken mit dem Geradstich zu.

13 Nun wird der Gurt an der Taschenaußenseite angebracht. Probier zunächst aus, wie lang der Gurt sein soll. Unser Gurt hat eine Länge von 140 cm. Miss und schneide ein passendes Stück ab und rechne dabei auch 2 Nahtzugabenbreiten (z. B. 2-mal 2 cm, also 4 cm) hinzu. Wende die Außentasche auf rechts. Steck Anfang und Ende des Gurts jeweils an der Oberkante einer Seitennaht rechts auf rechts auf. Die Enden des Gurtbandes zeigen dabei jeweils nach oben und liegen an der offenen Oberkante der Tasche. Näh den Gurt mit dem Geradstich mit einer kurzem Stichlänge fest.

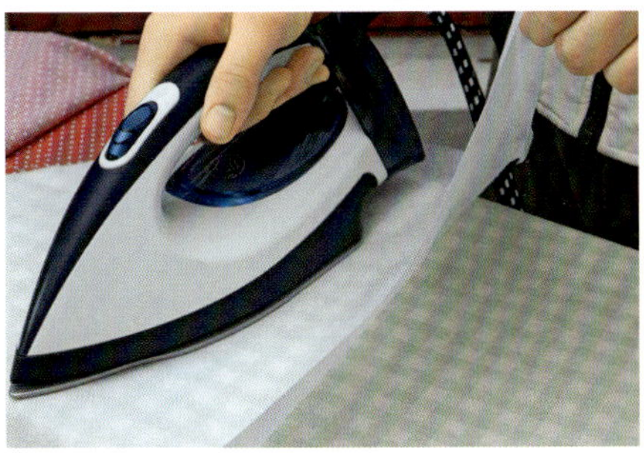

14 Für den Deckel bügelst du zunächst auf die linke Stoffseite Vlies auf. Dadurch wird der Deckel verstärkt. Positionier das Vlies nur auf einer Hälfte deines Stoffes. Schneide mithilfe deines Papierschnitts 2 Deckelteile zu: eins mit Vlies und eins ohne Vlies. Leg die beiden Teile rechts auf rechts bündig aufeinander.

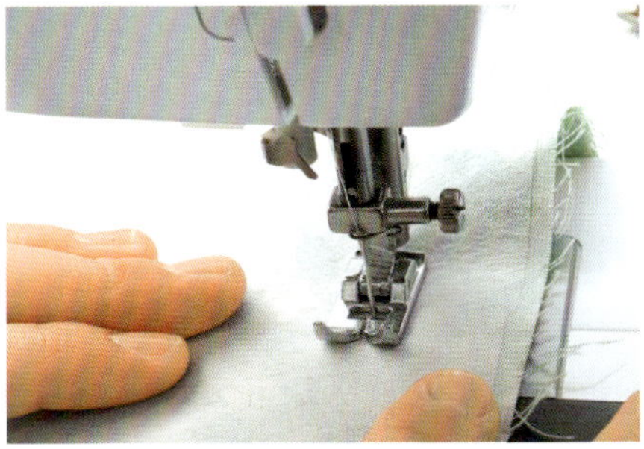

15 Näh die Deckelteile ringsum bis auf eine ca. 10 cm lange Wendeöffnung zusammen.

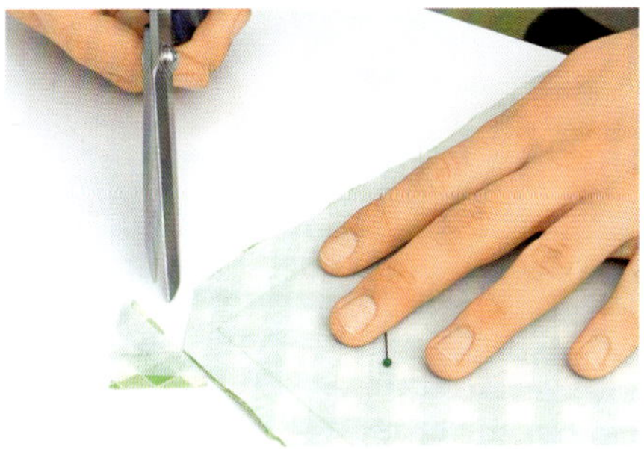

16 Schneide die Ecken bis kurz vor die Naht schräg ab und wende das Deckelteil.

17 Falte die Nahtzugabe der Wendeöffnung nach innen und bügel den Deckel ordentlich. Verschließ die Wendeöffnung mit Stecknadeln und stepp den Deckel ringsum mit breitem Zickzackstich ab. Dabei verschließt du auch die Wendeöffnung.

18 Leg das Webband wie gewünscht über die Vorderseite deines Deckel und stecke es mit Stecknadeln fest.

19 Näh das Band an beiden Längskanten mit einem breitem Zickzackstich auf.

20 Nun kannst du nach eigenem Geschmack Ösen in den Deckel einarbeiten. Wie du das machst, kannst du in der Herstelleranleitung für die Ösen nachlesen (oder siehe Seite 47).

21 Pietro war der Taschendeckel noch zu schlicht. Er hat einen passenden, trendigen Stoffrest gefunden.

21 Wenn du den Deckel auch noch mit einem Stoffrest aufpeppen möchtest, verstärkst du ihn zunächst mit Laminierfolie (siehe Schritt 2). Leg dafür die Klebeseite auf die rechte Seite des Stoffes und bügel die Folie nach Herstellerangaben auf. Unser Rechteck hat eine Größe von 21 x 20 cm.

22 Entfern die überstehende Laminierfolie und schneide den Stoff diagonal durch.

23 Positionier beide Teile wie gewünscht auf der Außenseite des Taschendeckels und näh sie ringsum mit einem breitem Zickzackstich auf. Der Mittelstrich des Füßchens liegt dabei genau auf der Stoffkante. So sticht die Nadel einmal in den aufgelegten und einmal in den darunterliegenden Stoff.

24 Leg den Deckel rechts auf rechts auf die Rückseite der Außentasche. Die Oberkante des Taschendeckels liegt bündig an der Oberkante der Taschenaußenseite. Fixier die Kanten mit Stecknadeln und näh den Deckel entlang der Oberkanten mit dem Geradstich fest.

25 Steck das Taschenaußenteil mit dem angenähten Deckel und dem angenähten Gurtband in das Futter. Die Teile liegen dabei rechts auf rechts (die schönen Seiten liegen also innen aufeinander).

26 Leg die Oberkanten bündig aufeinander, richte dabei auch die Seitennähte bündig übereinander aus und fixier die Oberkanten mit Stecknadeln. Näh die Oberkanten ringsum mit dem Geradstich zusammen, lass dabei jedoch an der Rückseite eine Wendeöffnung von ca. 10 cm zum Wenden offen.

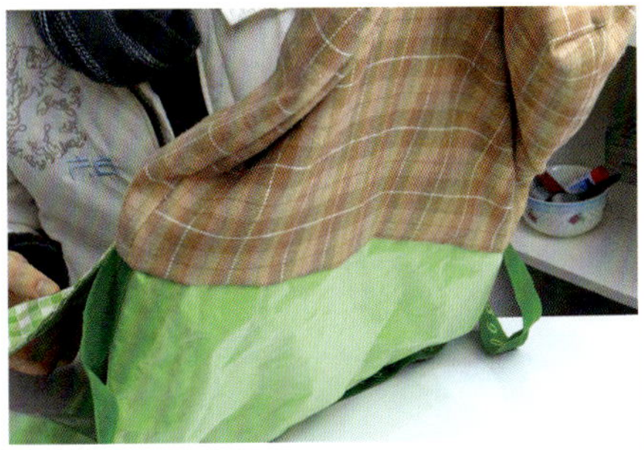

27 Wende die Tasche durch die Wendeöffnung.

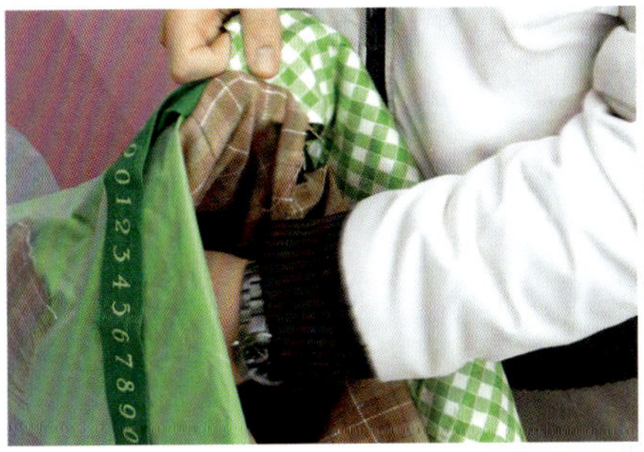

28 Steck das Futter in die Tasche. Zum Schluss faltest du noch die Nahtzugaben an der Wendeöffnung nach innen und nähst sie von Hand zu.

Fertig für den Stadtbummel!

Impressum

Entwürfe & Realisation: Natascha und die Klasse 10 SchuB
Redaktion: Claudia Schuh
Lektorat: Claudia Schmidt
Fotos: Natascha Pazodka
Vorlagenzeichnungen: Claudia Schmidt
Comic-Zeichnungen: Oxana
Gesamtgestaltung und Satz: GrafikwerkFreiburg
Repro: Meyle + Müller GmbH & Co. KG, Pforzheim
Druck und Verarbeitung: Himmer AG, Augsburg

ISBN 978-3-8410-6202-4
Art.-Nr. OZ6202

Vielen Dank

Ich danke folgenden Herstellern und Händlern, die mir freundlicherweise kostenlos Material oder Geräte für dieses Buch zur Verfügung gestellt haben:

- BERNINA International AG
  www.bernina.com
- buttinette Textil-Versandhaus GmbH
  www.buttinette.com
- Exner Deco-Point
  www.exner-gruenberg.de
- Freudenberg Vliesstoffe KG
  www.vlieseline.de
- patchworkstatt
  www.patchworkstatt.de
- Philips GmbH Unternehmensbereich Consumer Lifestyle
  www.philips.de
- Prym Consumer GmbH
  www.prym-consumer.com
- Westfalenstoffe
  www.westfalenstoffe.de
- STOF A/S
  www.stof.dk
- Dupli-Color
  www.dupli-color.de

Kreativ-Service

Sie haben Fragen zu den Büchern und Materialien? Frau Erika Noll ist für Sie da und berät Sie rund um alle Kreativthemen. Rufen Sie an! Wir interessieren uns auch für Ihre eigenen Ideen und Anregungen. Sie erreichen Frau Noll per E-Mail: **mail@kreativ-service.info** oder Tel.: **+49 (0) 5052 / 91 18 58** Montag bis Donnerstag: 9–17 Uhr / Freitag: 9–13 Uhr

Besuchen Sie uns im Internet: www.christophorus-verlag.de